청소년을 위한 **꿈꾸는 다락방**

청소년을 위한

꿈꾸는 다락방

초판 1쇄 발행   2017년 11월 14일
초판 34쇄 발행   2023년 2월 1일

지 은 이   오정택
펴 낸 이   이종문(李從聞)
펴 낸 곳   국일미디어

등   록   제406 - 2005 - 000025호
주   소   경기도 파주시 광인사길 121 파주출판문화정보산업단지(문발동)
영 업 부   Tel 031)955 - 6050 | Fax 031)955 - 6051
편 집 부   Tel 031)955 - 6070 | Fax 031)955 - 6071

평생전화번호   0502 - 237 - 9101~3

홈페이지   www.ekugil.com
블 로 그   blog.naver.com/kugilmedia
페이스북   www.facebook.com/kugilmedia
E - m a i l   kugil@ekugil.com

• 값은 표지 뒷면에 표기되어 있습니다.
• 잘못된 책은 구입하신 서점에서 바꿔드립니다.

ISBN 978-89-7425-593-0 (13320)

청소년을 위한 꿈꾸는 다락방

DREAM BOX

DREAM CAR

국일미디어

| CONTENTS |

PART 2 꿈을 찾아 주는 공식 R=1⑨⑨

PART 3 꿈을 이루어 주는 공식 R=VD

PART 4 R=VD 공식 실천 방법

PART 5 R=1⑨⑨와 R=VD 공식을 완성하라

꿈의 물음표 앞에 서 있는
청소년을 위해

요즘 청소년들은 눈코 뜰 새 없이 바쁘다. 마음 편하게 진로에 대해 진지하게 고민할 여유가 없다. 치열한 입시 경쟁에서 살아남기 위해 학교 공부에 전력을 쏟느라 따로 꿈을 찾는 데 투자할 시간이 없다. 부모님들은 이렇게 말한다.

"일단은 열심히 공부해라. 공부만 잘하면 무엇이든 될 수 있단다. 공부하기도 빠듯한데 지금은 무슨 꿈을 꿔야 할지 고민할 필요 없다. 꿈은 좋은 대학에 가서 정하거라."

옳은 말 같지만 과연 그럴까? 공부를 잘하면 선택할 수 있는 진로가 그만큼 넓어지니 다행히 대학에 가서 자신이 원하는 길을 갈 수도 있겠지만, 공부를 잘한다고 해서 진정으로 원하는 것을 꼭 할 수 있는 것은 아니다. 성적에 맞춰 대학에 들어가서 꿈을 찾다가는 이미 많은 것이 늦고, 돌이키려면 몇 배의 시간과 노력이 따라야 할 수도 있다.

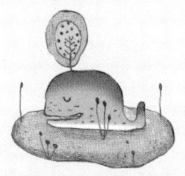

인생을 살아 보면 성공과 행복은 학교 성적 순으로 주어지는 것이 아니다. 하지만 우리나라 청소년들은 자신이 어떤 사람인지조차 망각한 채 지나치리만큼 좋은 대학, 우수한 성적만 강요당하며 산다. 최고의 직업은 의사, 변호사인 줄만 알고, 하늘의 별처럼 많아야 할 학생들의 꿈은 몇 개로 간추려진다. 각자 색깔도 다르고 바라는 것도 다를 텐데 그냥 보고만 있기에는 너무나 안타까운 현실이다. 가끔은 이런 생각을 한다. 혹시 내가 자녀와 제자들로 하여금 다양한 꿈을 펼치지 못하도록 막거나 제한하지는 않았는가? 그렇다면 우리 어른들이 꿈도둑이 아닐까?

꿈이 없다고 하는 학생들에게 그 이유를 물어보면 이런 대답을 의외로 많이 한다.

"꿈을 꾼다 해도 이루어지지 않을 것 같아서요."

"꿈을 어떻게 꾸는지 몰라서요."

장차 무엇이든 할 수 있는 우리 청소년들이 꿈을 막연하게 생각하거나 도전해 보지도 않고 포기해서야 되겠는가. 나는 청소년들의 가슴가슴마다 무엇과도 바꿀 수 없는 자신만의 꿈을 찾아 심어 주어야겠다고 생각했다. 진정으로 행복한 사람은 학교 성적이 좋았던 사람이 아니라 자신이 원하는 것을 하면서 사는 사람이니까.

이 책은 청소년들이 무엇과도 바꿀 수 없는 자신만의 꿈을 찾는 법, 그 꿈이 지닌 위력, 꿈을 이루는 법 등을 소개한다. 'R=VD' 와 'R=1⑨⑨' 라는 중요한 두 가지 공식도 나온다.

R=VD는 '생생하게^{Vivid} 꿈꾸면^{Dream} 이루어진다^{Realization}' 는 의미의 공식으로, 260만이 넘는 독자들에게 많은 사랑을 받아 오고 있는 《꿈꾸는 다락방》에서 이미 충분히 설명했다. 물론 이 책에도 잘 정리했으며 특별히 청소년들의 상황에 맞게 설명하려고 노력했다. 그렇다면 새로운 공식 R=1⑨⑨는 무슨 뜻일까?

에디슨은 "천재는 1퍼센트의 영감과 99퍼센트의 노력으로 이루어진다"고 했다. 이 말은 노력의 중요성을 강조하는 것으로 알려져 있다. 하지만 나는 '1퍼센트의 영감이 없다면 99퍼센트의 노력을 기울여도 소용없다' 는 의미로 달리 해석하고 싶다.

에디슨이 2만 번 이상 실패를 거듭하면서도 전구를 발명하는 실험을 포기하거나 실망하지 않은 것은 전기로 불빛을 만들 수 있다는 '1퍼센트의 영감을 따라' 꿈을 꿨기 때문이다. 1퍼센트의 영감을 담은 꿈은 바로 '진정으로 이루고 싶은 소원'을 말한다. 남들이 좋다고 하니까 막연히 생각하는 꿈이 아니라, 세상에서 말하는 성공 기준인 부와 명예와 권력을 무작정 좇아가는 것이 아니라, 생각만 해도 가슴이 벅차며 어떤 일이 있어도 이루고 싶은 소원 말이다.

진정으로 이루고 싶은 꿈을 찾으면 꿈을 이루기까지 과정을 즐기게 된다. 99퍼센트의 노력과 열정이 저절로 따라오니 그 꿈은 현실로 이루어질 수밖에 없다. R=1⑨⑨는 바로 이 과정을 정립한 공식이다.

1퍼센트의 영감이 담긴 꿈은 99퍼센트의 에너지를 이끌어내어 실현된다(Realization).

《꿈꾸는 다락방》을 읽지 않은 이들은 못 미덥다는 표정으로 아직도 이렇게 질문한다.

"R=VD 공식으로 정말 꿈을 이룰 수 있나요?"

물론이다. 《꿈꾸는 다락방》에 소개한 많은 사람이 의식적으로든, 무의식적으로든 꿈의 공식 R=VD를 사용하여 소원을 이뤘고, 이지성 저자 역시 베스트셀러 작가가 되었다. R=VD 공식으로 꿈을 이룬 사람은 주변에 얼마든지 많다. 그들은 한결같이 말한다. "생생하게 꿈꾸면 이루어진다"고.

"그럼 생생하게 꿈꾸는 방법 같은 게 있나요?"

물론이다. 생생하게 꿈꾸는 방법도 배워야 실천할 수 있다.

"그런데 꿈꾸기 전에 먼저 꿈을 찾아야 하는 거 아닌가요?"

좋은 지적이다. 그래서 새로 도입한 공식이 R=1⑨⑨다. 이 책은 바로 자신의 모든 에너지를 몰입할 수 있는 '진짜 꿈을 먼저 찾은 후'에 '생생하게 꿈꾸도록' 구성하였다.

지난 경험을 돌아보면 꿈이 있어야 영어 단어도 잘 외우고 수학 문제도 잘 풀 수 있다. 고3 시절 나―공저자 오정택―는 대입 첫 모의고사에서 179점을 받아 대학 진학을 포기하고 다니던 고등학교까지 가지 않으려고 했다. 하지만 어머니의 격려로 새로운 꿈을 찾고 340점 만점에 300점을 목표로 열심히 공부했다. 300점을 얻어 원하는 대학에 당당히 합격하는 모습 역시 생생하게 꿈꿨다. 그 결과 나는 목표에서 3점이 부족하긴 해도 297점이라는 상위권 성적을 얻고 원하는 대학교에 들어갔다.

똑똑똑.

청소년들 가슴에 노크한다.

"가슴 뛰는 꿈을 발견하여 꼭 이루고 싶니?"

그렇다면 이 책을 읽는 동안 마음껏 상상하라. 그리고 일상의 구석구석에 숨어 있는 1퍼센트의 영감 조각들을 찾아 나만의 진정한 꿈을 발견하기 바란다. 그 다음에는 생생하게 꿈꾸라. 꿈의 에스켈레이터를 타고 소원을 이루게 될 것이다. 더 빨리 그리고 더 멋지게.

빛나는 여러분의 미래를 상상하니 가슴이 세차게 뛴다. 두근거리는 가슴을 겨우 진정시키고, 1퍼센트의 영감 조각들을 따라 진정한 꿈을 발견해내는 작업을 본격적으로 시작해볼까 한다.

자, 이제 여행을 떠나자. 청소년 여러분을 위한 꿈꾸는 다락방으로!

2012년 어느 가을날

PART 01

진짜 꿈을 찾아서

30년 후에
만난 친구들

30년간 벌어진 격차

　친구들을 만났다. 중학교를 졸업한 지 30년 만에 보는 얼굴들이라 그렇게 반가울 수가 없었다. 우리는 악수를 나누며 한 마디라도 더 나누려고 애썼다.

　"어, 민재구나. 반갑다, 반가워."

　"그래, 이렇게 오랜만에 만나다니! 동창회에 오길 잘했네."

　"얼굴이 훤한 걸 보니 요즘 잘 나가나 보구나."

　"에이. 내가 무슨……."

　"뭐 하며 사는데?"

　"중국 상하이에 가 있어."

　"거긴 왜?"

"무역 사업하는 게 있어서……."

"아, 그래?"

나는 앞에 앉은 친구에게든, 뒤늦게 문을 열고 오는 친구에게든 안부를 물으며 세월의 변화를 실감했다. 사람 사는 이야기처럼 재미있는 게 또 있을까. 30년 세월의 차이는 크고도 다양했다.

중학교 때 공부를 무척 잘했던 친구 손광수는 중견 공무원인데 조만간 정치계에 뛰어들 것이라고 했다. 그에 버금갈 정도로 공부를 잘했던 친구 김민식은 사업을 하다 부도가 나서 지금은 어디에 숨어 사는지 모른다는 말이 돌았다. 말이나 표정이 꼭 여자 같던 친구 이영한은 화장품 대리점을 크게 하는데 중학교에 장학금을 수억 원 내놓았다나. 늘 깡패처럼 행동하던 친구 서대원은 교도소에 몇 번 갔다 오더니 세상에서 제일 선량한 목사님으로 거듭나 매일 전도하러 다닌다니 믿기 어려운 변화였다. 내 바로 앞자리에 앉았던 친구 황병선은 벤처 기업을 여러 개 가지고 있는데 요즘은 세계 경제 불황으로 경영이 좀 어렵다고 했다.

"성배, 넌 뭐하냐?"

"그냥 뭐……. 시골에서 농사짓고 있어."

"원래 꿈은 뭐였는데?"

"내 꿈? 내 꿈이야 늘 '부모님 모시고 효도하면서 흙에 살리라'는 노래처럼 사는 거였지."

"아하!"

그때 한 친구가 불쑥 말했다.

"성배는 유명한 농사꾼이야. 성배가 수확한 곡식이며 약초는 우리나라 사람은 먹고 싶어도 못 먹어. 다 수출용이니까. 수출의 날 대통령상까지 받았으니 대단한 농부지."

박성배도 자신만의 길을 가며 꽤나 성공한 모양이다. 이런저런 이야기가 많았지만 동창 중에서 신장섭과 김영기가 제일 성공했다고 했다. 좀 의외였다. 신장섭은 원래 공부를 잘했으니까 싱가포르국립대 경제학과 교수가 되었다 해도 그러려니 했다.

'김영기라니? 허!'

나는 동창회에 참석하지 않은 김영기를 따로 만나 봐야겠다고 생각했다. 그동안 무슨 일을 했는지 직접 들어 보고 싶었다. 물론 성공은 성적순이 아니지만 공부를 지지리 못했으면서도 그리 크게 성공한 비결이 무엇인지 궁금해서 견딜 수 없었다.

대통령이라도 될 줄 알았던 친구

이야기가 한창 무르익을 즈음 나는 슬그머니 동창회 자리를 빠져나왔다. 다음 날 해야 할 중요한 일이 있었다. 지하철역으로 가려고 신사오거리를 걷는데 친구 은석이를 만났다.

"야, 은석아, 반갑다!"

"그래. 정말 오랜만이네."

중학교 3학년 때 내 옆자리에 앉았던 은석이와 나는 남들보다 친하게 지냈다. 함께 대공원에도 놀러 가고 사진도 많이 찍고 그랬다.

"그래. 반가워. 동창회 가는 길인데 내가 너무 늦었나 봐."

"지금 가도 친구들 있어."

"에이. 우리 그냥 커피숍으로 가자."

은석이는 머리를 긁적였다. 이미 꽤 늦어버린 시간을 의식하며 굳이 동창회 자리에 갈 필요가 없다고 생각했는지 자꾸 내 손을 잡아끌었다.

"잠시 커피만 마시고 가라."

나는 은석이의 부탁을 거절할 수 없어서 근처 커피숍에 들어갔다. 십 대 시절 은석이는 활달하고 지도력도 뛰어났다. 공부도 잘하고 얼굴도 잘생겨서 여학생들에게 인기 만점이었다. 특히 중학교 3학년 때는 전교 학생회장까지 맡았다. 나는 그런 은석이가 많이 부러웠다. 은근히 질투심을 느낄 때도 있었다.

커피를 마시며 내가 물었다.

"너 요즘 뭐하며 사냐?"

은석이는 뜻밖에도 이런 말을 했다.

"솔직히…… 어디 취직할 데 없냐?"

나는 놀라서 커피를 쏟을 뻔했다. 밝게 웃으며 악수를 하는데도 어쩐지 은석이 얼굴에 어두운 그림자가 슬쩍 보인다 싶었다. 다시 살펴보니 옷차림새 역시 어딘가 어색해 보였다.

"이 나이에 무슨 취직을 한다고 그래? 너 요즘 어떻게 사는데?"

은석이는 고개를 떨어뜨리고 자꾸 손톱을 매만졌다. 다재다능하여 장차 대통령이라도 될 줄 알았던 친구가 그러고 있으니 너무 이상하게 보였다.

"좀 그래. 대학교 졸업 후 사업을 했는데 부도가 났어. 손을 대는 사업마다 망하고 또 망하다 보니 빚만 늘어나더라고. 이젠 의욕도 없고 생활도 좀 그래."

"하!"

"어쩔 수 없지 뭐. 어디 취직이라도 하고 언젠가는 결혼도 해야 하는데……."

"뭐?"

나이가 몇인데 이제야 그런 걸 하겠다고 하는지 정말 놀랄 일이었다.

"왜 놀래?"

"은석아, 솔직히 나는 네가 대통령이라도 될 줄 알았거든."

이건 정말 솔직한 말이다. 중학교 3학년 때 나는 분명 그렇게 생각했다. 은석이는 빙그레 웃었다.

"아, 대통령!"

"그래."

"너 말 잘했다. 나 중학교 때 그랬잖아. 중학교에서든, 고등학교에서든 공부만 하면 전교 1, 2등이요, 달리기를 해도 맨 앞에 있었지. 감히 이 최은석을 따라올 자가 대체 누구였냐? 아무도 없었지. 아암."

"그래. 그런 네가 이 나이에 무슨 취직이며 결혼을 하겠다고……."

나는 고개를 갸웃거리며 물었지만 은석이는 기분이 좋아 보였다. 화려했던 중·고등학교 시절이 눈앞에 필름처럼 스르르 펼쳐지면서 한껏 들뜬 것 같았다. 문제는 그 다음 말이었다.

"크, 나 정말 그랬었지. 십 대 시절엔 뭐든지 잘했잖아. 너는 그때 하다못해 부반장 같은 거라도 해 보았냐?"

"뭐?"

갑자기 기분이 우중충해지면서 이리저리 구겨졌다. 은석이 말대로 부반장조차 못해 본 학생! 내 십 대 시절 모습은 그랬다. 밤에 창문을 열고 하늘을 바라 봐도 나는 정말 별 볼 일 없던 학생이었다. 천부적인 능력이 별로 없으니 죽기 살기로 공부하는 것밖에는 달리 선택할 게 없었다. 그러다 보니 수학 공식이나 영어 단어를 억지로 외워가며 학창시절을 힘겹게 보내야 했다.

나는 은석이를 물끄러미 보았다. 학교에서 학생들을 가르치는 나로서는 학교 밖 기업체 취직자리에 대해 잘 알 리 없었다. 그런 사정을 말하다가 문득 박주현이라는 친구가 떠올랐다. 그 친구라면 도움을 줄 수 있을 것 같았다. 핸드폰으로 그를 부르니 커피숍으로 찾아오겠다고 했다.

박주현. 가정 형편이 어려워서 고등학교만 졸업하고 대학에 진학하지 못했다. 친구들이 대학교를 다닐 때 그는 짜장면 배달도 하고 호텔 청소도 했다. 그러다 막일을 하는 사람들을 따라 인천 연안부두로 가서 목재를 운반했다.

그러던 중 보루네오에서 수입한 목재를 운반하면서 꿈을 발견하고 건축용 목재의 안정적인 수입과 보관 및 공급에 관해 공부했다. 어느새 관련 분야에서 '우리나라 1인자'도 되었다. 덕분에 국내 굴지의 건설회사 설립 때 자재 담당 부장으로 스카우트되었다. 낮에는 일하고 저녁에는 야간 대학을 다닌 것 같다는 이야기도 돌았다.

박주현은 커피숍으로 와서 최은석과 반갑게 악수를 나눴다.

"주현이 너 요즘도 부장으로 있냐?"

"에이. 상무로 승진한 지 일 년 넘었어."

"어, 그래? 나이로 따져도 출세 속도가 무척 빠르구나. 그렇게 대단한 회사에서 상무이사라니 놀라워!"

그런데 은석이가 입에 손가락을 세웠다. 절대로 '취직자리를 부탁하지 마라'는 신호였다. 나는 알았다는 신호를 보내고는 종업원에게 카메라를 내밀었다.

"우리는 아주 오랜만에 만난 동창들이니 잘 좀 찍어줘요."

"네에."

찰칵. 찰칵. 찰칵. 여러 번 사진을 찍었다.

무엇 하나 내세울 것은 없어도 그저 열심히 노력하여 학교 선생님이 된 나, 장차 대통령이라도 될 것처럼 보였지만 계속되는 실패로 번번이 좌절하면서 취직자리를 부탁하러 다니는 최은석, 대학 진학도 못했지만 지금은 국내 굴지의 건설회사 상무이사가 된 박주현. 셋이서 찍은 사진을 나는 가끔 학교와 집에서 본다.

학창 시절 은석이처럼 다양한 능력이 있어도 사회에 나가면 그것만으로는 별 소용이 없다. 나에게 부반장도 못해 보았다고 껄껄 웃으며 아무리 잘난 척 해도 말이다. 숱한 악조건 속에서 열심히 노력하여 꿈을 이룬 박주현를 보더라도, 학교 다닐 때 공부를 잘했느냐 못했느냐가 인생을 결정하는 것은 아니다. 자신의 꿈을 찾아 분석하여 모든 에너지를 불어넣고 기어이 이루어내는 것이 사실은 공부보다 중요하다.

제일 잘나가는
동창의 성공

존재감 없던 영기의 반전 스토리

영기가 일하는 사무실은 강남 대로변 높은 빌딩 숲에 있었다. 전화로 동창회 소식을 알려 주고 직접 찾아갔더니 반갑게 맞아 주었다. 흰머리가 좀 보이긴 했지만 중학교 때 친근했던 얼굴 표정은 그대로 남아 있었다.

우리는 두세 시간 동안 마주 앉아 이야기꽃을 피웠다. 그러면서 알게 된 영기의 성공 비결은 '선명한 꿈과 목표'였다.

내가 기억하는 영기는 성적이 형편없어서 친구들에게 늘 무시를 당하는 학생이었다. 한 교실에 있었지만 무엇으로도 눈에 띄는 점이라곤 없었다. 한마디로 말해 존재감이라고는 없었다.

대신 영기는 좋아하는 분야가 뚜렷했고 그것만큼은 확실히 공부했다. 다른 과목은 그렇다 쳐도 사회와 지리만큼은 적성에 잘 맞았다고 했다.

"국어나 수학은 어려워서 못한다 해도 지리부도를 펴놓고 이곳저곳을 살펴볼 때면 어찌 그리 즐겁던지! 유럽이든, 미국이든 지도만 보면 마음이 들뜨는 거야. 꿈도 그런 꿈만 꿨어. 가 보지도 않은 미국을 돌아다니며 여행하는 꿈 말이야."

"그냥 돌아다니는 꿈?"

"처음엔 그냥 번화가를 돌아다녔지. 그러다 미국에서 사업을 해 엄청난 부자가 되는 꿈을 꿨어."

"아……."

"사회 시간이 되면 외국에서 무슨 사업을 해야 할지 골똘히 생각에 잠기곤 했고."

"아……."

"학교 성적이 별로다 보니까 선생님뿐 아니라 친구들도 그다지 나에게 관심을 갖지 않더라고. 자연스럽게 나만의 세계에 빠져들게 되었지. 누가 뭐라 하든 나만의 꿈을 이루고 싶더라고. 중학교 때 이미 그랬어."

영기는 고등학교까지만 다니고 꿈에도 그리던 미국에 가기로 했다. 여기저기서 정보를 구하며 미국에서 귀국한 사람들을 찾아다녔다. 미국으로 가는 방법은 두 가지였다. 유학과 이민!

학업에는 관심이 없던 터라 유학은 깨끗하게 포기했다. 그렇다면 이민을 가는 것밖에 방법이 없는데 아주 막막한 노릇이었다. 영기에게는 이민 초청장을 보내 줄 일가친척도 없고, 이민을 갈 수 있는 다른 방법도 없었다.

그렇다고 오래도록 꿈꾸어온 소망을 포기할 영기가 아니었다. 다른 방법을 찾아 나섰다. 그러던 중 성업공사에서 미국으로 인력을 송출한다는 말을 들었다.

영기는 큰맘 먹고 성업공사를 찾아가 어떤 험한 일도 마다하지 않겠으니 미국으로 가게 해달라고 했다. 뜻이 있으면 길이 보이는 법. 영기는 미국 마이애미로 가는 여객선에 올랐다. 갑판 청소부로 취직한 것이다. 험한 갑판 청소에 배 멀미까지 더해 힘이 들었지만 꿈에 그리던 미국으로 갈 수 있어 행복했다.

마이애미에 도착한 영기는 들뜬 마음으로 거리를 쏘다녔다. 그러다 정해진 시간까지 여객선으로 돌아오는 것을 깜빡 잊고 말았다. 결국 배에서 내린지 삼 일 만에 경찰에게 붙잡혀 한국으로 강제 추방됐다.

그래도 영기는 꿈을 포기하지 않았다. 다시 성업공사에 찾아가 취업을 부탁했다. 하지만 이미 불법입국자 명단에 올라 미국행 배에는 취업할 수 없다고 했다.

최선이 아니면 차선이라는 말이 있다. 영기는 3년 후에 일단

멕시코로 가는 배에 취업했다. 우여곡절 끝에 멕시코에서 미국으로 가는 국경선도 넘었다. 미국으로 가는 1차 목표는 이뤘으니 2차 목표를 세웠다. 불법체류자 신분에서 벗어나 영주권을 얻고 사업 자금을 만드는 것이었다.

2차 목표를 달성하기란 결코 만만치 않았다. 불법체류자인데다 영어 실력도 형편없어서 좋은 일자리는 생각조차 할 수 없었다. 급한 대로 24시편의점에서 야간 일자리를 얻어 겨우 생활비를 벌었다. 다른 일거리도 찾아서 닥치는 대로 했다. 고생이란 고생은 다 한 것 같았다.

그러던 중 불법체류자들도 영주권을 얻을 수 있는 절호의 기회가 왔다. 미국 연방정부에서 불법체류자들에게 임시 영주권을 주고 일 년간 농장에서 일하면 영구 영주권을 주는 특혜를 베풀었다. 당연히 영기도 그 절차를 따랐다.

그렇게도 희망하던 영주권을 얻은 영기는 종자돈을 모아 사업 자금을 마련했다. 사업 밑천 치고는 많이 부족한 5천 달러밖에 되지 않았지만 영기의 꿈은 점점 현실로 다가오고 있었다.

영기는 3차 목표인 사업을 하기 위해 아이템을 찾기로 했다. 한인 동포들이 많이 하는 편의점과 세탁소가 가장 먼저 떠올랐지만 장래성이 없어 보였다. 다른 사업 아이템을 찾아야 했다. 그렇게 동분서주하던 어느 날, 미국 젊은이들이 서로에게 보석을 선물하는 모습을 보았다.

'바로 이거야!'

영기는 보석을 사업 아이템으로 선택한 다음 쥬얼리 쇼핑센터로 가서 세 평짜리 매장을 얻었다. 매장을 얻는 데 3천 달러를 쓰고 나니 2천 달러밖에 남지 않았다. 게다가 이미 이탈리아계 상인 대여섯 명이 쥬얼리 소매 시장을 장악한 상태였다. 그러나 절대 주눅 들 영기가 아니었다. 그냥 과감히 사업에 뛰어들었다.

처음 2주 동안은 이탈리아계 상인들이 운영하는 매장에서 잘 팔리는 품목을 관찰하고 도매상에서 소량씩 사다가 팔았다. 시작은 그렇게 어설펐지만 날이 갈수록 판매량이 늘었다. 남다른 노력과 열정 덕분이었다. 게다가 이탈리아계 쥬얼리 사업자 한 명이 문을 닫으면서 영기의 매장은 손님이 끊이지 않았다. 십여 년 고생 끝에 영기는 60평으로 매장을 늘리고 그 쇼핑센터에서 가장 큰 쥬얼리 소매상으로 자리 잡았다. 주변 사람들에게 한국 출신 영기는 그야말로 성공 모델로 떠올랐다.

하지만 영기는 차츰 미국 사회에 회의가 들기 시작했다. 꿈을 이루더라도 내 나라, 내 이웃과 함께해야 한다는 생각이 점점 강해졌다. 결국 아쉬운 마음을 접고 미련없이 미국을 떠나기로 결정했다.

사업을 정리하고 한국으로 돌아온 영기는 학창 시절 살던 집이며 교정을 둘러보고는 얼마 간 명상을 하며 시간을 보냈다. 이상형 여자와 만나 결혼도 했다. 지금은 강남 대로변에서 새롭고도 멋진 사업을 벌이고 있다. 그런 영기에게 내가 물었다.

"그런데 말이다. 친구들은 장섭이가 외국에서 대학교수가 된 것보다 네가 성공한 걸 더 부러워하더라고."

"그야 나는 학교 다닐 때 공부를 못했으니 그만큼 운이 좋아 보이겠지. 하지만 나는 미국에서 무지 힘들고 어렵게 살았어."

"그럴 거 같아. 앞으로 사업 구상 더욱 잘하기 바란다."

영기와 헤어진 나는 신장섭이라는 친구를 찾아갔다. 마침 장섭이는 강의를 요청받고 서울에 귀국해 있던 참이었다.

물 흐르듯 자연스러운 장섭이의 성공

학창 시절 공부를 월등히 잘했던 장섭이는 서울대학교 상대에 진학했지만 교수가 되겠다고 생각한 적은 없었다. 단지 자신의 성격이며 흥미, 적성 등을 파악하고는 반복적이고 정해진 업무보다 창의적이고 자율적인 일이 더 어울리겠다고 생각했다.

그런 장섭이를 교수라는 직업으로 이끈 것은 대학 4학년 때 한 신문사에서 주최한 경제논문쓰기 대회다. 우연히 그 대회에 응모해서 대상을 받은 장섭이는 그 일이 인연이 되어 신문기자가 되었다. 무엇보다 적성에 맞을 것도 같고 잘할 수 있을 것 같아서 한 선택이었다. 그러다 신문사에서 제공하는 영국 유학의 기회를 얻어 케임브리지대학에서 박사 학위를 땄다. 공부를 마치고 돌아온 후에는 신문사 논설위원으로서 능력을 발휘했다.

그러던 1999년, 싱가포르국립대에서 장섭이에게 교수로 와달라고 제의했다. 장섭이는 지금 그곳에서 후진을 양성하면서 종종 국내외 방송에도 출연하며 경제학과 교수로서 명성과 권위를 한껏 보여 주고 있다.

장섭이의 성공 과정은 물 흐르듯이 자연스럽고 무난하다. 그것은 아마도 누구보다 자신이 어떤 사람인지 잘 알고 자신과 잘 맞는 길을 선택한 덕분이리라. 사실 장섭이처럼 대학에 들어가서도 딱히 꿈을 정하지 못하는 학생이 많다. 하지만 자신이 무엇을 좋아하고, 무엇을 잘하고, 어떤 가치관을 가지고 있는지 안다면 자신 앞에 한 개씩 문이 열릴 때 어디로 갈지 방향을 잘 선택하면 된다. 다만 그 문이 언제 열리느냐에 따라 꿈을 이루는 데 걸리는 시간이 많이 늦어질 수도 있으니 꿈을 일찍 찾을수록 좋다.

이렇듯 영기와 장섭이는 대조적이라 할 만큼 성공 과정이 다르다. 하지만 이 두 사람에게는 학업 성적의 좋고 나쁨을 떠나 공통점이 있다. 그것은 바로 돈과 명예와 권력을 기준으로 꿈을 정하지 않고, 자신이 진정으로 원하는 것을 따라 인생의 진로와 직업을 선택했다는 것이다.

두 친구를 만난 후 우리 청소년들에게 자신만의 진짜 꿈을 찾아야 한다고 강력하게 이야기하고 싶어졌다. 어떻게 해야 청소년들을 올바른 꿈으로 안내할 수 있을까, 어떻게 해야 자신의 길을 찾아 헤매는 학생들에게 멋진 꿈을 거머쥐게 할 수 있을까? 진로 · 진학 지도 교사로서 느끼는 사명감이 더욱 커지는 순간이다. 우리 청소년들이 이 책을 읽고 자신만의 진짜 꿈을 반드시 찾아서 이룰 수 있도록 적극적으로 도와줄 생각이다.

진짜 꿈이
지닌 위력

　지구촌 70억 인구 중에 똑같은 사람은 하나도 없다. 같은 시각 같은 부모에게서 태어난 일란성 쌍둥이도 의학적으로 세밀하게 따지고 비교해 보면 상당한 차이가 난다. 그만큼 사람은 개개인 이 다르고 독립적이다.

　그럼 저마다 다른 사람으로서 지닌 가치에 대해 알아보자. 만 일 수첩에서 5만 원짜리 지폐를 꺼내어 이렇게 말하면 사람들은 어떻게 반응할까?

　"자, 누구든 손을 들면 이 5만 원을 그냥 줄게요."

　아마 대부분 사람이 손을 들 것이다. 돈을 구기거나 밟고 더럽 혀도 손을 들 것이다. 그 이유는 무엇일까? 아무리 구겨지고 오물 이 묻어도 돈 자체에 가치가 있기 때문이다.

사람의 가치 역시 마찬가지다. 싸구려 옷을 입거나 학업 성적이 좋지 않다고 해서, 부모님이 능력이 없다고 해서 자신의 가치가 사라지는 것은 아니다. 가치는 바로 그 사람 자체에 있다. 포장지 안에 담긴 내용물이 더 중요한 것처럼 말이다. 자신이 못나서 가치가 없다는 생각처럼 잘못된 것도 없다.

자신의 가치를 발견하지 못하면 자신을 존귀하게 대할 수 없다. 돈의 가치를 모르는 아이가 5만 원 짜리 지폐에 그림을 그리거나 돈을 그냥 종잇조각처럼 사용하듯이 마구잡이 인생으로 살기 쉽다.

꿈은 사람의 가치를 찾아 주고 더욱 존귀하게 한다. 누구나 어떤 사람이 되고 싶은지, 무엇을 이루고 싶은지에 따라 그렇게 살게 되기 때문이다.

그러나 아직 꿈을 찾지 못한 사람, 꿈을 찾았다고 하지만 가짜 꿈을 꾸고 있는 이들도 많다. 특히 성인이 되고 나서 청소년 때 꾸던 꿈을 이루며 사는 사람은 찾아보기 드물다. 그 원인은 바로 가짜 꿈을 꿨기 때문이다.

진짜 꿈을 꿔야 한다. 별 고민 없이 이 세상 기준에 따라 돈과 명예와 권력을 좇는 꿈을 꾼다면 진짜 꿈을 찾을 수 없다. 사람들의 시선을 의식하며 꾸는 가짜 꿈을 자신의 꿈이라고 생각하면 생생하게 꿈꿀 수 없고 이룰 수 없다.

그러나 내가 무엇을 좋아하는지, 무엇을 잘하는지, 어떤 사람이 되고 싶은지 등을 고민하며 1퍼센트의 영감을 따라 찾은 나만의 진짜 꿈을 꾸면 놀라운 변화가 일어난다. 내가 지닌 모든 에너지가 그 꿈에 집중된다.

뜨거운 한여름 아무리 살인적인 햇빛이 쏟아진다 해도 그것만으로는 종이를 태우지 못한다. 그러나 돋보기가 있으면 문제는 달라진다. 입김이 폴폴 나는 차가운 한겨울이라도 돋보기로 햇빛을 한 곳에 모으면 연기가 나고 불이 붙는다. 같은 종이지만 에너지를 아주 작은 한 곳에 집중한 결과다.

이렇듯 1퍼센트의 영감이 담긴 자신만의 진짜 꿈을 발견하면 모든 에너지가 그 꿈을 향해 확 정렬되면서 집중된다. 하고 싶은 많은 것을 절제하고 하기 싫은 어떤 것도 인내할 수 있게 된다. 투정이 사라지고 위안과 기쁨이 그 자리를 대신한다. 꿈을 향해 달리는 마음이며 정신력이 최고치에 이르고 실천하는 행동으로 이어진다. 비행기 조종사가 꿈인 학생은 항공기와 관련된 영화나 글을 보며 공부하게 되고, 외교관이 꿈인 학생은 다각도로 외국에 대해 알아가며 외국어를 배우게 된다. 그렇게 변화를 거듭하면서 결국에는 막연해 보이던 꿈도 이루어진다. 믿기 힘든 놀라운 일도 가능해진다. 진짜 꿈이 가진 놀라운 능력이다.

1퍼센트의 영감을 따라 찾은 나만의 진짜 꿈은 황홀하기까지

하다. 삶의 의미를 찾아 주고, 자신의 가치를 높여 준다. 그 어떤 영화보다도 흥미롭고 수많은 꽃보다 매력적이다. 생각하는 것만으로도 배가 불러진다. 어두운 집안에 행복을 미리 앞당겨 주고, 공부를 꼴찌하는 학생에게도 밝은 미래를 선사한다.

나는 꿈이
없어요

꿈이 없는 어느 학생의 방황

최근에 나는 청소년 3백여 명에게 이루고 싶은 꿈이 있는지 설문조사로 물어 보았다. 그 결과 절반 이상이 꿈이 있다고 응답했고, 그중의 절반 정도만이 현재 꿈이 언젠가 꼭 이루고 싶은 진짜 꿈이라고 했다. 전체의 25퍼센트가 진짜 꿈을 찾은 셈이다. 하지만 전체의 절반 정도는 꿈을 찾지 못한 상태였다. 그 이유를 물어 보았더니 많은 학생이 이렇게 말했다.

"공부만 잘하면 내가 원하는 무엇이든지 다 될 것 같아서요."

"학교와 학원 공부가 너무 많고 바빠서요."

이렇게 대답한 학생들도 있다.

"꿈을 꾼다 해도 이루어지지 않을 것 같아서요."

"꿈을 어떻게 꾸는지 몰라서요."

고민하지 않을 수 없었다. 장차 하고 싶은 일이 하늘의 별처럼 많아야 할 청소년들이 꿈을 막연하게 생각하거나 아예 포기해서야 되겠는가. 나는 학생들에게 무엇과도 바꿀 수 없는 자신만의 꿈을 찾아 가슴 한가운데 심어 주고 싶었다.

꿈이 없어서 유난히 방황이 심했던 제자가 있다. 외모에 무척 관심이 많았던 여학생 강미연이다. 식당을 운영하는 미연이 부모님은 하나뿐인 딸을 잘 키우려고 언제나 관심을 놓지 않고 애쓰셨다. 그런데 그렇게 예쁜 아이가 삶의 목적이 없어서 겪지 않아도 좋을 험한 경험을 했다. 청소년들에게 진로를 지도하는 교사로서 마음이 참 많이 아팠다.

언제부터인가 미연이는 점점 집에 늦게 들어가는 날이 많아졌다. 보다 못한 아버지는 귀가 시간을 정했다. 그 시간 안에 집에 오겠다는 약속도 미연이에게서 받아냈다. 하지만 그 약속은 오래 가지 못했다. 딸의 늦은 귀가로 걱정이 많아진 아버지는 차츰 미연이를 엄하게 대하기 시작했다.

여전히 달라지지 않는 미연이가 아버지에게 혼날까 봐 어머니는 딸의 늦은 귀가를 비밀로 해 주곤 했다. 상황은 더 악화되었다. 미연이는 늦은 귀가에서 더 나아가 술을 먹고 들어오거나 아예 집에 들어오지 않기까지 했다.

그러던 어느 날 미연이가 학교에 나오지 않았다. 담임선생님으로서 무슨 일인지 궁금하여 집에 연락했더니 어머니는 미연이가 아파서 당분간 학교에 못 간다고 하셨다. 며칠이 지나도 미연이는 학교에 나오지 않았다. 걱정스러운 마음에 다시 집으로 전화하여 몸이 어느 정도 회복되었는지 안부를 물었다. 그런데 이게 웬 말인가!

　어머니는 울먹이시면서 미연이가 가출했다고 하셨다. 백방으로 수소문하여 연락이 닿았는데, 미연이는 어떤 남학생과 함께 있다고 했다. 일단 미연이를 집으로 데려왔지만 다시 가출할 것 같아 걱정이 이만저만이 아니라고 하셨다.

　나는 학교로 나온 미연이를 불러 상담했다. 미연이는 자신의 미래에 대해 생각해 본 적도 없고, 지금 당장 재미있으면 하고 싶은 대로 해도 되지 않느냐고 했다. 고등학교에 진학하지 않겠다는 말도 하더니 다음날 기어이 학교에 나오지 않았다. 다시 가출한 것이다.

　꿈이 없으면 되는 대로 살기 쉽다. 방황이 길어지고 당장 재미있고 편한 것만 찾게 된다. 그러다 이 세상이 미워지기도 하고 가족이 싫어지고 심지어 자기 자신에 대한 애착도 사라진다. 아직 생각이 짧은 청소년 시절에는 가출 등 여러 일탈행위로 이어지기도 한다. 하지만 그런다고 해서 세상이 꿈쩍이나 하겠는가.

나는 다시 미연이를 만났다. 언뜻 보니 누군가와 싸운 것 같았다. 돈도 떨어지고 쌀쌀 맞은 세상인심에 지친 듯 했다. 나쁜 사람들과 함께 있었는지 술을 먹고 많이 운 것도 같았다. 그야말로 '안 봐도 비디오'라는 말 그대로였다.

나는 전문상담센터로 미연이를 데리고 가서 지속적인 상담을 받도록 했다. 상담은 효과가 있었다. 미연이는 눈앞에 보이는 재미있고 편한 일만 하면서 살 수는 없다는 것을, 그렇게 사는 것이 오히려 더 힘들고 어려운 길로 자신을 이끈다는 것을 절실히 깨달았다고 말했다. 목표도 없이 그냥 마구잡이로 사는 것은 나날이 고통스러운 나락으로 떨어지는 일이라는 것을 피부로 느꼈다고 했다. 그 후 미연이는 무사히 중학교를 졸업하고 고등학교에 진학했다.

나는 지금도 미연이 같은 학생들을 볼 때마다 생각한다. 그들에게 몰입할 수 있는 자신만의 진정한 꿈이 있다면 이토록 무의미하게 삶을 낭비할까? 아마도 그럴 수 없을 것이다. 내 사랑하는 제자들이, 이 땅의 수많은 청소년이 진정한 꿈을 찾기를 간절히 바란다.

1퍼센트의 영감을 따른 꿈이 선물한 새로운 삶

실업계 고등학교 출신으로 〈도전 골든벨〉이라는 텔레비전 프로그램에 출연하여 최초로 골든벨을 울린 사람이 있다. 《멈추지 마 다시 꿈부터 써 봐》라는 책의 저자인 김수영 씨다.

김수영 씨는 순탄한 학창 시절을 보내지 못했다. 사실 꿈이 없었다. 꿈이 없다 보니 에너지를 엉뚱한 다른 곳에 쓰게 되면서 가출소녀, 비행청소년, 문제아 등이라는 꼬리표를 달고 하루하루를 보냈다.

불우한 사춘기 시절을 겪으며 방황하던 김수영 씨는 성장하여 여수상업고등학교에 들어갔다. 하지만 생활은 달라지지 않았다. 무려 세 차례나 가출했고 그중 두 번은 경찰에게 붙들려 집으로 돌아왔다. 그런데 놀랍게도 마지막 세 번째는 누구에게도 붙들리지 않았는데 스스로 돌아왔다. 그로 하여금 자발적으로 귀가하게 한 것은 과연 무엇일까? 그것은 바로 그제야 찾은 꿈이었다. 그는 집으로 돌아와 다시 교과서를 잡았다.

김수영 씨는 당시 우연히 신문을 보다가 이스라엘에서 일어난 무력충돌 기사를 읽었다. 그 기사를 보면서 '아, 나도 저렇게 세상이 변하는 걸 전해주는 기자가 되어야겠다'고 다짐했다. 그리고 자신이 꼭 이루고 싶은 꿈에 대해 식구들이며 이웃 사람들에게 수시로 말했다.

"저는 기자가 될 거예요."

하지만 반응은 늘 비웃음뿐이었다.

"공부도 못하는 상고 출신인 네가 어떻게 기자가 되겠다고 그러느냐?"

"세상 참 모르는 학생이네."

부푼 꿈이 생겼지만 주변 사람들은 아무도 인정해 주지 않았다. 어쩌면 당연한 반응이었다. 어느 정도라도 납득할 수 있는 능력이나 비전을 보여 주어야 했다. 무엇보다도 공부를 잘해야겠다고 생각했다.

김수영 씨는 자존심이 많이 상했지만 과거와는 확실히 달라졌다. 1퍼센트의 영감이 담긴 꿈이 만든 변화였다. 꼭 대학에 들어가겠다고 결심하고 연세대학교 신방과를 목표로 삼았다. 공부할 이유와 목표가 확실했기에 더 열심히 공부에 매달릴 수 있었다.

그러나 누구도 김수영 씨를 응원해 주지 않았다. 부모님은 문제집을 사 줄 돈도 없고 학원을 보낼 형편도 못 되었다. 그렇다고 그의 꿈이 꺾인 것은 아니다.

형편이 이렇다 보니 금방 난관에 부딪혔다. 갑자기 공부를 하려니 너무 어려웠다. 공부도 요령이 있다는데 어떻게 해야 하는지 너무 막막했다. 일단은 친구들이 버린 문제집을 주워와 이미 풀어놓은 답을 한 시간 동안 지우고 나서 문제를 풀었다. 또 참고서를 빌려와 노트에 거의 다 베끼다시피 했다. 선배들 집에 있는 시험지도 폐지 수거해오듯이 했다. 그의 말을 빌리자면, 정말 처절하게 공부했다. 다행스러운 것은 그에게 생긴 1퍼센트의 영감이 담긴 진짜 꿈이 그 모든 난관을 다 이겨내도록 해 주었다는 사실이다.

결국 김수영 씨는 자신이 가고 싶었던 대학교에 진학했다. 다른 사람이 다 부러워하는 멋진 직업인도 되었다. 2005년도에는 골드만삭스에 입사했고 현재는 글로벌 기업인 로얄터치셸의 영국 본사에서 총괄 매니저로 일하고 있다.

YTN 현장 인터뷰에도 나온 김수영 씨 이야기를 굳이 이 책에 다시 하는 이유가 있다. 1퍼센트의 영감을 담은 나만의 진짜 꿈이 생기면 모든 에너지가 꿈으로 집중된다는 것을 강조하기 위해서다. 모든 에너지가 집중되면 꿈은 결국 이루어진다.

나는 꿈이
너무 많아요

햇살 좋은 어느 날 오후, 학교 진로 상담실 문이 열렸다. 최선유라는 학생이 찾아왔다.

"어떻게 왔니?"

"선생님께 진로 상담을 받으려고요."

"무슨 내용인지 말해 보렴."

"저는 되고 싶은 게 너무 많아요. 제가 좋아하는 것과 직업이 어떻게 연관되는지 모르겠어요."

"오, 그래? 무엇이 되고 싶은데?"

"의사, 변호사, 사업가, 농구 선수, 동시 통역가, 만화가 등이요."

"와! 좋겠다. 이렇게 관심 분야가 다양한 것을 보니 너는 능력이 많은가 보구나!"

"예, 제가 좀 소질이 다양해요."

"응, 그 다양한 소질을 잘 활용하면 행복하게 살 수 있을 거야."

"그런데 이 중에서 무엇을 해야 할지 모르겠어요."

"무슨 직업을 선택해야 할지 판단이 서질 않는다는 말이지?"

"예, 다 할 수는 없잖아요?"

"투잡, 쓰리잡이라는 말도 있으니까 못하란 법도 없지만 다 하기엔 너무 많은 것 같다."

"몇 개까지 할 수 있을까요?"

"생계를 유지하는 수입을 지속적으로 얻는 일을 직업이라고 하는데, 직업으로 하는 일과, 일시적으로 하거나 수입과 관계없이 취미나 봉사로 하고 싶은 일을 구별할 수 있겠니?"

"잘 구별하기 힘들겠는데요. 부모님께서는 의사나 변호사가 되기를 원하세요. 저도 그게 딱히 싫은 건 아닌데 자꾸 다른 것에 눈이 돌아가요. 사실 부모님은 의사나 변호사가 최고라고 다른 건 생각도 하지 말라고 하세요.

그런데 전 사업을 해서 돈을 많이 벌어도 보고 싶고, 농구를 좋아하니까 농수 선수도 되고 싶어요. 영어를 특출하게 잘하니까 동시 통역가가 되어도 멋있을 것 같고, 만화를 잘 그리니까 만화가가 되어도 유명해질 것 같아요."

"부모님과 뜻이 일치하진 않긴 해도 정말 행복한 고민이구나!

우리 삶이 유한하지 않다면 선생님은 다 해 보라고 권하고 싶다. 그런데 인생이란 영원하지 않고 생각보다 짧아. 평균 수명이 계속 늘어난다지만 100년 정도이고."

"저도 그래서 고민입니다."

"인생은 선택의 연속이란다. 직업 선택에 옳고 틀린 것은 없지. 무엇보다 너에게 가장 어울리는 것을 선택해야 후회하지 않고 끝까지 할 수 있단다. 그러려면 자신만의 기준을 가지고 판단해야겠지?"

"무슨 기준으로 판단을 해야 하나요?"

"사람마다 그 기준이 다 다르단다."

"기준이 어떻게 사람마다 다를 수가 있단 말이에요? 그럼 불공평하잖아요."

"그렇게 오해하는 사람도 많아. 그래서 사람들은 돈과 지위와 명예를 기준으로 좋은 직업과 그렇지 않은 직업을 나누곤 하지."

"그럼 돈과 지위와 명예를 기준으로 하지 않고 무엇을 기준으로 판단해야 하나요?"

"'첫째, 자신이 소중하게 여기는 가치는 무엇인가? 둘째, 재미있고 관심 있는 일은 무엇인가? 셋째, 잘하는 일은 무엇인가? 넷째, 이 세상에 필요한 일인가?' 이러한 기준으로 장래 꿈과 직업을 결정하는 것이 행복을 약속한다고 선생님은 생각한다."

"네 가지 기준이 모두 쉽지는 않게 느껴지네요."

"솔직하구나. 많은 사람이 자신을 잘 안다고 생각하지만, 막상 무엇을 소중하게 여기는지, 무엇을 좋아하고 잘하는지 물으면 망설이는 게 현실이란다."

"저도 혼란스러운 생각으로 꽉 차 있다면 어쩌죠?"

"선생님과 일주일에 한 번씩 만나서 진로 상담을 하는 거야."

"좋아요. 그런데 얼마나 오래 걸릴까요?"

"선유가 얼마나 적극적으로 탐색 활동을 하느냐에 따라 차이가 나겠지만 대략 여섯 번 정도?"

"우선은 가치관과 흥미 그리고 적성을 알 수 있는 표준화검사를 해 보자. 관련된 직업도 탐색해 보고. 그러면 너 자신을 좀 더 객관적으로 확실하게 알게 되고, 네가 말한 것뿐 아니라 다양한 직업을 추천받을 수 있어. 그중에서 네가 관심 있는 직업을 발견할 수도 있지."

"예, 알겠습니다."

"다음 주에는 진로 관련 사이트인 커리어넷www.career.go.kr에 접속해서 가치관·흥미·적성 검사 중 한 가지를 완성한 후 결과지를 출력해 와야 한다. 결과지 내용을 자세히 읽어 와서 선생님에게 설명해야 해. 특히 추천 직업 중에 관심 있는 것은 형광펜으로 표시해 와야 한다. 선생님과 함께 결과지를 놓고 본격적으로 진로 상담을 시작해 보자."

"예, 감사합니다."

선유는 매주 정기적으로 진로 상담을 하면서 자신에 대한 탐색도 하고 가치관과 흥미, 적성에 맞는 다양한 직업을 알아보았다. 그리고 영역별로 제일 관심이 가는 직업 두세 개를 마지막으로 체크했다.

"이젠 부모님께 상담 결과를 말씀드릴 차례야. 부모님은 선유를 가장 잘 아시는 분들이시지. 그러니 선유에게 잘 어울린다고 생각하는 직업을 부모님께 추천받아 보렴."

"예."

선유는 진로 문제를 두고 부모님과 많은 대화를 나누었다. 그러는 동안 부모님과 서로를 깊이 이해하게 됐다.

"부모님이 이렇게 다섯 개 직업을 추천하셨어요."

"어, 그래? 이제부터는 네가 결정하는 거야. 너는 무슨 일을 가장 하고 싶니?"

선유는 손가락을 입술에 대며 한참을 망설였다.

"이거요! 동시 통역가와 만화가! 이 두 가지가 저한테 제일 잘 맞을 거 같아요."

선유는 자신이 정말 좋아하고 잘할 수 있는 직업을 찾았다. 부모님과 갈등을 해결해서인지 얼굴에 생기도 돌았다. 주말에는 그 직업과 관련된 정보를 수집한다는 이야기도 했다. 말하자면, 선유는 이미 행복한 삶을 살기 시작했다.

꿈이 없어도 문제지만 꿈이 너무 많아도 고민이다. 우왕좌왕하며 에너지를 한 곳에 집중할 수 없으니 말이다. 이것도 하고 싶고 저것도 하고 싶고 하고 싶은 것이 많지만, 공부로 바쁜 우리 청소년들은 자신의 진로를 두고 진지하게 생각할 마음의 여유조차 없는 게 현실이다. 그러다 보니 꿈을 찾기 위한 고민은 잠시 반짝하다가 어느새 흐지부지되기 일쑤다.

그러다 결국에는 사람들이 좋다고 말하는 직업을 택하곤 한다. 헤아릴 수 없이 다양한 꿈이 어른들의 시선으로 재단당하고 고작 몇 가지로 제한되는 것이다. 가끔은 이런 생각을 해 본다. 우리 청소년들의 꿈을 빼앗아가는 꿈 도둑은 바로 그들과 가까운 부모님이나 선생님이 아닐까 하고.

그럼 우리 청소년들은 세상 사람들이 말하는 돈과 명예와 권력이 아닌 무엇을 기준으로 꿈과 직업을 찾아야 할까? 다시 한 번 말하지만 이런 기준이라면 행복할 것 같다.

- 내가 잘하는 것은 무엇인가?
- 나는 무엇을 좋아하나?

- 나는 어떻게 살고 싶은가?
- 내가 소중하게 여기는 가치는 무엇인가?
- 내 꿈은 미래에도 꼭 필요한 것일까?

진로 · 진학 정보 탐색 사이트

자신만의 진짜 꿈을 찾아 진로를 고민하는 청소년들이 활용하면 유익한 사이트를 소개해 본다.

1. 커리어넷 www.careernet.re.kr

교육과학기술부의 위탁을 받아 한국직업능력개발원에서 운영하는 진로 정보 제공 사이트. 주요 서비스는 각종 진로 관련 심리 검사 그리고 직업 정보, 학과 정보, 직업 동영상, 학교급별^{초·중·고·대} 차별화된 진로 정보 제공 등이다.

2. 청소년워크넷 www.youth/work.go.kr

노동부에서 운영하는 워크넷 중 청소년을 위한 진로 정보 제공 사이트. 주요 서비스는 각종 진로 관련 심리 검사 그리고 직업 정보, 학과 정보, 직업 동영상, 학교급별^{초·중·고·대} 차별화된 진로 정보 제공 등이다.

3. 한국직업정보시스템 www.know.work.go.kr

한국고용정보원에서 운영하는 국내에서 유일한 종합 직업 정보 시스템. 주요 서비스는 직업 정보, 학과 정보, 진로 탐색 자료 및 정보, 직업 탐방, 동영상, 사이버 진로 상담 제공 등이다.

4. 한국청소년상담복지개발원 www.kyci.or.kr

한국청소년상담원이 운영하는 청소년 상담 사이트. 주요 서비스는 심리 검사, 공개 상담 및 비밀 상담, 채팅 상담, 지역별 상담 기관 소개 등이다.

5. 대학입학상담센터 www.univ.kcue.or.kr

한국대학교육협의회에서 운영하는 대학 입학 정보 제공 사이트. 주요 서비스는 대학별 입학 정보, 전형 요소별 입학 정보, 대학 탐방, 진학 진로 상담, 대학 입학 관련 정보 제공 등이다.

6. 전문대학입학정보 www.ipsi.kcce.or.kr

한국전문대학교육협의회에서 운영하는 전문대학 정보 제공 사이트. 주요 서비스는 전문대학별 입학 정보, 전형 요소별 입학 정보, 전문대학 탐방, 진로ㆍ진학 상담, 대학 입학 관련 정보 제공 등이다.

7. 고입정보포털 www.hischool.go.kr

교육과학기술부에서 운영하는 고교 정보 제공 사이트. 주요 서비스는 고교 정보, 입시 정보, 자기주도학습전형 관련 정보 제공 등이다.

진짜 꿈을
찾아서

　서울 한양대학교 올림픽체육관에서 나흘간 진로 직업박람회를 할 때 일이다. 여러 학교의 진로·진학 상담 선생님들이 그곳에 설치된 코너에서 학생과 학부모를 대상으로 고입과 대입 상담을 해 주었다. 나 역시 사흘간 고입 상담을 했다.

　다음은 중학교 3학년 박은설 학생과 한 상담 내용이다.

　"선생님, 저는 자사고^{자립형사립고등학교}에 가야 할지 특목고^{특수목적고등학교}에 가야 할지 모르겠어요."

　"자사고와 특목고 중 어디로 진학할지 고민하는구나. 그런데 자사고와 특목고는 무슨 차이가 있다고 알고 있니? 아는 대로 말해 보렴."

　"자사고는 내신 50퍼센트 이내인 학생들을 대상으로 추첨하여 뽑는다고 들었어요. 저는 특목고 중에서 외고를 생각하고 있는데 1차는 서류전형, 2차는 면접이 있는 것으로 압니다."

"와, 은설이는 고등학교 진학을 오래 동안 준비해 온 모양이구나."

"하지만 자세히는 몰라요."

"그럼 선생님이 좀 더 자세하게 알려 줄게. 자사고는 교육 과정이 좀 더 자유롭게 편성돼서 수능 시험 준비에 유리해. 주요 과목인 국어, 영어, 수학 시간이 일반 고교보다 더 많이 편성되어 있지. 특목고 중에서 외고는 영어를 포함한 전공 외국어 중심으로 교육 과정이 짜여 있고."

설명이 길어졌다. 나는 열심히 듣고 메모까지 하는 은설이가 예쁘게 보였다.

"이제는 판단할 수 있겠니?"

"네, 선생님 덕분에 문제가 해결되었어요."

"궁금한 문제가 해결되었다니 다행이다. 선생님이 은설이에게 한 가지 질문을 할 테니 대답해 볼래?"

"네, 말씀하세요."

"왜 자사고나 특목고에 가고 싶니?"

"SKY대_{서울대, 고려대, 연세대의 영문 이니셜을 따서 부르는 이름}에 진학하기 유리한 고등학교에 들어가려고요."

"아! 그럼 왜 SKY대에 진학하려고 하지?"

"당연히 좋은 직장이나 대기업에 취직하려고요."

"네 꿈은 대기업에 취직하는 거니?"

"아니요."

"그럼 네 꿈은 무엇이니?"

"사실 아직 제 꿈이 무엇인지 잘 모르겠어요."

"그렇구나. 아직 구체적으로 꿈을 정하지 않았더라도 직업군이나 방향 정도라도 정해야지."

"일단 좋은 대학에 들어간 다음에 정해도 되지 않을까요?"

"사실 그래도 괜찮다고 생각해. 하지만 그때 가서 전공 학과를 정한 후에 꿈을 찾았는데 서로 맞지 않아서 진로를 바꾸려면 여러 가지 복잡한 문제도 생기고 그만큼 힘들겠지. 지금 고입 선택에 어려움을 느끼는 건 꿈에 대한 방향성이 없기 때문이 아닐까? 은설이가 말한 것처럼 대기업에 취직하는 게 최종 목적이 아니라면, 장차 이루고 싶은 꿈은 그보다 훨씬 큰 것이라면, 꿈을 이루는 일에 도움이 되는 전공부터 선택해야겠지. 그 다음이 대학을 정하는 거고. 그렇다면 먼저는 그 대학의 전공 학과에 진학하기 위한 준비를 잘할 수 있는 고등학교에 가야 하지 않을까?"

"네, 그래야 할 것 같아요. 저는 열심히 공부만 하면 된다고 생각했는데 이제는 제 꿈과 진로에 대해 깊이 생각해야겠어요."

"와! 은설이는 총명하구나! 지금부터 시작해도 돼. 장차 무슨 꿈을 이루며 어떻게 살고 싶은지 행복한 고민을 보렴. 그래야 고교 진학에 대한 분명한 기준이 생길 거야. 오늘 상담에서 얻은 건 무엇이니?"

"제가 아직 진짜 꿈을 발견하지 못했다는 사실을 알게 된 거예요."

"은설이는 자신을 잘 아는구나! 무지無知의 지知를 깨닫는 것은 지혜로워지는 첫걸음이란다. 진짜 꿈을 찾겠다니 축하해."

"감사합니다."

1퍼센트의 영감을 따라 진짜 꿈을 발견하려면 자신의 적성, 능력, 흥미, 가치관, 장래성 등을 잘 알아야 한다. 자, 그렇다면 이제 1퍼센트의 영감이 담긴 나만의 진짜 꿈을 찾아 떠나 볼까? 자세한 이야기는 PART 2를 읽어 보자.

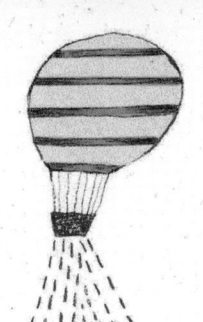

PART 02

꿈을 찾아 주는 공식

R=199

R=1⑨⑨ 공식이
기적을 만든다

티핑포인트^{Tipping point}라는 단어를 노트에 적어 보자. 누구보다 가슴 뛰는 꿈을 품어야 하는 청소년들이니만큼 이 단어만은 꼭 기억하기 바란다.

티핑포인트란 어떤 것이 균형을 깨고 한순간에 변하거나 전파되는 극적인 순간을 말한다. 이해를 돕기 위해 주전자에 물을 담고 가열한다고 상상해 보자. 물은 100도가 될 때까지 눈에 띄는 변화가 일어나지 않다가 100도가 되면 팔팔 끓으면서 증기로 변한다. 그러나 99도에 1도를 올리는 열기가 더해지지 않으면 이런 변화는 절대로 기대할 수 없다. 마지막 1도는 완전히 차원이 다르다. 이전까지 유지되어 온 잠잠한 상태를 깨고 한순간에 갑작스러운 변화를 일으킨다. 모두가 놀랄 새로운 상황을 만드는 것이다. 이렇게 99도의 물에 1도를 더하여 100도가 되는 순간이 티핑 포인트의 하나다.

꿈도 티핑포인트가 없으면 이루어지지 않는다. 지금까지 그저 평범했던 삶을 바꾸는 1퍼센트의 영감이 바로 그 역할을 한다. 1퍼센트의 영감이 담긴 꿈을 불어넣으면 가슴속이 희망과 열정으로 들끓는다. 모든 삶이 꿈을 향해서 돌진하게 된다.

우리나라 속담에 "구슬이 서 말이라도 꿰어야 보배다"라는 말이 있다. 서 말의 구슬이 있어도 그것을 꿰어 줄 실이 없으면 보배가 될 수 없듯이, 99퍼센트의 에너지와 땀방울이 있어도 그것을 하나로 모아 줄 1퍼센트의 영감이 담긴 꿈이 없다면 의미가 없다. 꿈의 방향을 제대로 찾지 못해서 몰입할 수 없기 때문이다. 1퍼센트의 영감이 담긴 꿈은 바로 차가운 물을 들끓게 하는 1도의 열기요, 구슬을 보배로 만들어 주는 실이다.

요즘 청소년들은 새벽부터 밤늦게까지 공부한다. 하지만 많은 학생이 만족스러운 결과를 얻지 못하는 것이 현실이다. 노력에 비해 결과가 따라 주지 않으니 보고 있는 이들이 다 안타까울 정도다.

노력한 결과가 제대로 나타나지 않는 주된 이유는 무엇일까? 그것은 바로 1퍼센트의 영감이 담긴 진짜 꿈이 없기 때문이다. 이루고 싶은 꿈이 없으니 에너지를 집중하지 못할 수밖에. 그러다 희망도, 열정도, 노력도 차츰 시들해져 버리고 나중에는 꿈을 꾸는 것도, 이루는 것도 아예 어렵게 될지 모른다. 심지어는 아무런 방향 없이 그냥 살아왔던 그 넘치는 에너지를 주체할 수 없어서 문제를 만들고, 엉뚱한 곳에 쓰거나 무의미하게 방치하게 된다.

가슴에 손을 얹고 생각해 보자. 지금껏 나는 어떻게 살았나? 만일 다음과 같은 대답이 나온다면 빨리 1퍼센트의 영감이 담긴 나만의 진짜 꿈을 찾아야 한다.

지금껏 그냥 살면 살아지는 게 인생이려니 생각했다.
자신에게 솔직하지 않고 사람들의 말에 따라 살았다.
여러 가지 탐욕에 찬 꿈들을 찾아다녔다.

1퍼센트의 영감이 담긴 나만의 진짜 꿈이 손에 잡힐 듯 눈에 선명하게 보이면 나머지 99퍼센트의 노력과 열정이 저절로 따라와 꿈을 이루어 준다. 1퍼센트의 영감이 담긴 꿈을 꾸면 99퍼센트의 에너지가 그 꿈 속으로 빨려 들어간다. 이것을 공식으로 만들어 보자.

> R=1⑨⑨
> 1퍼센트의 영감이 담긴 꿈은 99퍼센트의 에너지를 이끌어내어 실현된다(Realization).

우리 주변에는 영감의 꿈조각들이 많이 흩어져 있다. 늘 보고도 별 생각 없이 그냥 지나쳐서 모를 뿐이다. 그중에서 어떤 꿈조각이 내 꿈을 완성할지 모른다. 꿈조각들을 잘 살펴보고 진주 보석을 찾듯 나에게 필요한 것을 찾아내야 한다.

"내가 어떻게 그런 걸 할 수 있겠어? 나로서는 못 할 일이야!"

"나도!"

1퍼센트의 영감이 담긴 꿈을 찾으려면 이런 나약한 패배주의는 얼른 접어야 한다.

우선 자신에게 솔직해져야 하고 생각을 제한하지 말아야 한다. 편견에 묶이지 말고 상상력을 마음껏 발휘해야 한다. 그냥 자유롭게 생각하다 보면 1퍼센트의 영감이 담긴 나만의 진짜 꿈을 발견할 수 있다. 그러면 난로 위 주전자에 담긴 물이 순식간에 팔팔 끓는 것처럼, 서 말의 구슬이 꿰어지는 것처럼 어느 순간 내가 변하게 된다. 꿈을 이루는 첫발을 내딛게 된다. 남들 눈에는 어제와 비슷한 나로 보이겠지만 본질적으로는 완전히 다른 사람이 된다. 쉬지 않고 꿈을 향해 달려가게 되고 가슴 저 밑에서부터 끓어오르는 열정과 환희를 영화의 한 장면처럼 생생하게 느끼게 된다.

진짜 꿈으로 이어지는
작은 꿈조각

백 년 전만 하더라도 지구를 벗어나 우주로 가는 것을 상상하는 사람은 거의 없었다. 인류에게 우주는 단지 바라만 보던 동경의 대상이었을 뿐이다.

그러던 어느 날, 미국에서 개봉한 영화에 미녀를 비행기에 태워 우주로 떠나보내는 장면이 나왔다. 아주 놀랍고도 멋진 장면이라 사람들 사이에 이야기가 끊이지 않았다.

"세상에 그런 일이 어떻게 가능하겠어?"

"에이, 공상과학 영화니까 그렇지."

"그런 일은 절대 있을 수 없는 이야기야."

하지만 영화를 기획한 사람들은 달랐다. 1957년에 구소련이 세계 최초로 스푸트니크 1호 인공위성을 우주로 쏘아 올리기 훨씬 오래 전부터 그것을 상상하고 집약하여 영화로써 뭇 사람들 눈에 선명하게 보여 주었다. 인간의 상상이 과학 기술보다 훨씬 앞에 있고 새로운 문명을 만드는 원천이라는 것을 잘 보여준 사례다. 이렇듯 너무나 엉뚱해 보였던 상상도 이루어졌는데 하물며 장래 희망과 소원이랴.

꿈도 어느 정도는 상상이 뒤따라야 찾을 수 있지만 결코 멀리 있는 게 아니다. 머리와 가슴속에 있으니 언제든 쉽게 꺼내어 설계할 수 있다. 잘못 되었다 싶으면 다른 꿈으로 교체하면 되고 또 다른 꿈이 생겼다 싶으면 꿈과 꿈을 이으면 된다. 꿈이 소박하거나 보잘 것 없다 싶으면 잘 갈고 다듬어 빛나게 할 수도 있다. 그렇게 1퍼센트의 영감을 따라가며 완성하면 된다.

똑같은 음식을 먹어도 그냥 "맛있다"라고만 하는 사람이 있는가 하면 "달콤하지만 끝맛은 톡 쏜다"라고 표현하는 사람도 있다. 그런 느낌을 구체적으로 이야기하는 사람은 맛을 정확히 알 가능성이 크다. 미각이 발달한 사람일 수 있으니 어쩌면 요리 관련 일에 도전해 보는 것이 좋을 것이다. 이렇게 영감을 찾는 방법은 거창하지 않다. 일상에서 일어나는 일들을 그냥 흘려보내지 말고 세심하게 살펴보면 된다.

달에는 무슨 꿈조각이 있는지 예를 들어 보자.

현실	꿈조각	꿈	할 수 있는 것
달	달을 그림으로 그리고 싶다	화가	그냥 낙서하듯 그려 볼까?
			만화로 그려 볼까?
			펜화로 그려 볼까?
			서양화로 그려 볼까?
			동양화로 그려 볼까?
	달을 소재로 글을 쓰고 싶다	작가	시로 써 볼까?
			수필로 써 볼까?
			일기로 써 볼까?
			편지로 써 볼까?
			그냥 달에 대한 느낌을 요약해 볼까?
	달에 대해 분석하고 싶다	과학자	지구에서 달까지 거리를 재는 방법을 알아볼까?
			달에 가는 방법에 대해 알아볼까?
			하늘에 달 이 외에 무엇이 또 있는지 알아볼까?
			달에 무엇을 만들 수 있을지 알아볼까?
	달을 다른 것에 활용하고 싶다	디자이너	달처럼 생긴 집을 지으면 어떨까?
			달 그림을 포장지에 넣으면 어떨까?
			달을 지키는 생명체를 그림으로 만들어 보면 어떨까?
			달을 변형시켜 더 멋지게 그리면 어떨까?
			독창적인 달 캐릭터를 만들면 어떨까?
			영화로 제작해 볼까?

			만화로 제작해 볼까?
	달을 소재로 한 기획물을 만들고 싶다	제작자	음악으로 제작해 볼까?
			달에 관한 연극이나 뮤지컬을 제작해 볼까?
			달에 관한 자료만 모아 홈페이지에 담아 볼까?

달 하나만 가지고도 찾을 수 있는 꿈과 직업은 많다. 하나같이 다 소중하며 시시한 게 없다. 사실 어떤 사람에게는 시시해 보이는 일이 어떤 사람에게는 최고로 즐거운 직업이 될 수 있다. 틈새시장이란 말이 있듯이 많은 사람이 잘 모르거나 기피하는 일이라고 해도 그 분야에서 일인자가 된다면 기대 이상의 가치와 성공이 따를 수도 있다.

이제부터는 그저 그런 무미건조했던 일상생활에 의미를 두고 꿈조각을 찾아보기 바란다. 1퍼센트의 영감을 따라가다 보면 진짜 꿈에 다다를 것이다. 너무나 사소하고 시시하게 생각되겠지만, 꿈을 이룬 사람들도 그렇게 첫발을 내디뎠다. 이 책에 나오는 사람들의 이야기를 읽어 보면 저절로 수긍하게 될 것이다.

• 어떤 아저씨: 비민주적이고 인권을 탄압하는 정치가 마땅하게 생각되지 않았다. 그 결과 자신이 국회의원이 되었다.

- 어떤 아주머니: 배추김치를 맛있게 만드는 재주가 있었다. 그 결과 김치 회사 사장이 되어 외국에까지 김치를 수출하고 있다.
- 어떤 남학생: 컴퓨터가 좋아서 끼고 살았다. 그 결과 대학교를 다니면서 프로그램 개발 벤처회사를 설립했다.
- 어떤 여학생: 예쁜 옷에 유난히 관심이 많았다. 그 결과 우리나라 제일의 패션디자이너가 되었다.

그 어떤 방식으로든 1퍼센트의 영감이 담긴 나만의 진짜 꿈을 찾으면 망설이지 말고 도전하라. 실패를 두려워하지 말고 그냥 그 꿈으로 힘차게 나아가라.

'내 꿈은 우주과학자인데 우리 가정형편에 어떻게 그걸 이룰 수 있을까?'

이런 걱정은 미리 할 필요가 없다. 비록 아버지에게 우주기지를 만들어 줄 돈이 없다 하더라도 나만의 진짜 꿈을 꾸면 내 몸 안에서 99퍼센트의 열정이 생겨나고 노력이 뒤따르게 된다. 그러다 보면 길은 열리기 마련이다.

진짜 꿈을 찾는 1단계
내가 좋아하는 건 뭘까

이루고 싶은 진짜 꿈을 찾으려면 내가 무엇을 좋아하는지 알아야 한다. 즉 이성적인 판단을 잠시 등지고서 동물적이고 육감적으로 내가 대체 무엇을 좋아하는지 알아채야 한다. 좋아하지 않는 것을 이루려고 하면 그만큼 힘도 많이 들고 지속력도 없기 때문이다.

내가 무엇을 좋아하는지도 모르는 사람이 있을까 싶지만 의외로 많다. 최근에 내가 가르치는 학생들 300여 명을 대상으로 한 설문조사 결과를 봐도 그렇다. 그 결과에 따르면 아직 꿈을 찾지 못한 학생 101명 중에서 51명이 좋아하는 일을 발견하면 그때 꿈을 찾을 것이라고 답했다. 자신이 무엇을 좋아하는지 모른다면 그 대안으로 많은 것을 경험해 보기 바란다.

홀랜드는 직업적 흥미를 다음 여섯 가지 유형으로 나누고 각각의 유형에 맞는 꿈을 선택하면 성공할 가능성이 크다고 했다.

- 현실적 흥미: 도구나 기계를 가지고 일하는 것을 좋아하며, 현실적이고 신체를 자주 사용하는 기술에 소질이 있다.
- 탐구적 흥미: 학문과 관련된 영역으로 도전을 좋아한다. 집중력이 강하고 문제 탐구 능력이 있다.
- 예술적 흥미: 자기표현을 좋아하고 독창적이다. 다양한 재능과 예술적 소질이 있다.
- 사회적 흥미: 타인을 도와주는 것뿐 아니라 남에게 관심받는 것을 좋아한다. 인간적인 문제 해결 능력이 뛰어나다.
- 진취적 흥미: 지배적이며 정열적이다. 권력, 지위, 부에 가치를 부여하며 타인을 설득하는 데 흥미가 있다.
- 관습적 흥미: 전통적이고 안정적이며 도덕적이다. 돈과 지위에 가치를 부여한다. 지도력보다는 일상적인 과제를 좋아한다.

좋아하는 것을 따라가다 보면 자연스럽게 진짜 꿈을 발견할 수 있다. 자꾸 사고만 치던 학생이 선생님과 상담을 하다가 멋진 상담가가 되고 싶은 꿈을 발견할 수도 있다. 봉사활동을 즐겨 하다가 사회복지사가 되는 꿈을 찾을 수도 있다. 불의를 보고 참지 못하는 학생이라면 정치가가 되는 꿈을 꿀 수도 있지 않을까.

노래에 미친 가수

어릴 때부터 좋아하던 것을 계속 하며 꿈으로 이룬 사람이 있다. 노래가 미치도록 좋다는 가수 김장훈이 그 주인공이다.

김장훈은 학생 시절부터 인기 가수가 되겠다며 수많은 노력과 시간과 열정을 노래에 쏟았다. 하지만 부모님은 그가 가수가 되는 것을 완고하게 반대하셨다. 그렇다고 해서 자신이 좋아하는 것을 포기할 수는 없었다. 김장훈은 날이 갈수록 더 노래에 심취했다. 홍대 앞 음악거리에서 꽁지머리를 흔들며 노래를 부르면서부터는 자신을 가수라고 스스로 인정했다.

그는 지금 천 번 이상 콘서트를 한 아주 큰 가수가 되었다. 진짜 좋아하는 일을 하니 부와 명예도 저절로 따라 왔다. 콘서트 등으로 얻는 수익이 많아지자 우리 사회의 그늘진 곳, 도움이 필요한 곳, 관심을 가져야 하는 분야에 다양하게 기부했다. 2012년 현재까지 기부한 금액이 무려 130억 원이 넘는다고 한다. 자신이 간절히 바라던 꿈을 이루고 그 꿈의 결과를 여러 곳에 돌려 주고 있으니 멋진 가수 아닌가.

그러던 어느 날, 김장훈은 백일 공연을 무리하게 진행하다 그만 병이 나고 말았다. 병원에서 치료를 받는 그에게 연세가 지긋하신 의사가 물었다.

"김장훈 씨, 가수가 공연하는데 왜 병이 나나?"

"에이. 무리를 하니까 병이 나는 거죠."

"거참. 좋아서 하는데 왜 병이 나느냐고? 그렇다면 자네는 힘들게 일을 하는 거라네."

김장훈은 이 말을 듣고 생각을 달리하게 되었다. 그동안 열심히 일한다는 생각으로 연습을 하고 무대에 올랐는데 더 이상 그럴 필요가 없었다. 앞으로는 즐기면서 그저 신바람나게 노래를 부르기로 했다.

그는 콘서트 중에 이렇게 말했다.

"무슨 일이든 하루에 18시간씩 한 달만 매달려 보세요. 그렇게 540시간만 투자하면 인생을 바꿀 수 있습니다. 영어든 무엇이든 열정을 가지고 즐기세요. 저는 학창 시절에 참 열정적으로 살았어요. 그러다 보니 타임머신을 타고 늘 보석 같은 그 시절로 돌아가고 싶은 거 있죠? 자신의 꿈을 위해 미친 듯이 즐기다 보면 반드시 성공할 때가 온답니다."

주체할 수 없이 춤이 좋았던 말썽꾸러기

매일 장난이나 치고 공부와는 담을 쌓고 살며 수시로 부모님 속을 썩여 드리는 아이가 있다면 나중에 어떻게 될 것 같은가?

"에이. 그런 아이가 꿈이나 제대로 갖고 있겠어?"

"맞아. 꿈은커녕 일이나 저지르지 않고 살면 다행이지."

모범생들 눈에는 그런 아이야 나중에 아무런 꿈도 이루지 못하고 하는 일마다 그르칠 것 같겠지만 현실은 꼭 그렇지만은 않다. 적어도 수많은 K-POP 스타들을 배출하는 YG엔터테인먼트 수장 양현석의 어린 시절 이야기를 들어 보면 그렇다.

양현석은 어려서부터 대단한 말썽꾸러기였다. 특히 야구에 푹 빠져 하루가 멀다 하고 이웃집 장독이며 유리창을 깨는 바람에 부모님 속을 꽤나 썩였다. 한 번은 남의 차를 미끄럼틀 삼아 재미있게 놀다가 아주 몹쓸 정도로 망가뜨렸다. 부모님은 차량 수리비를 장장 일 년에 걸쳐 물어 주어야 했다.

그러던 양현석이 우연히 텔레비전에 나오는 로봇 춤을 보고는 충격에 빠졌다. 그렇게 화려하게 보이고 매력적일 수 없었다. 그 때부터 춤은 그에게 유토피아였고 결코 포기할 수 없는 1퍼센트의 영감이 담긴 꿈이 되었다. 매일같이 텔레비전에 나오는 춤을 따라 했다. 춤을 잘 춘다는 친구들을 찾아다니며 열심히 배우기 시작했다.

중학교에 들어가면서 그는 흑인 음악과 춤에 심취하며 댄서로서 성공을 꿈꾸었다. 본격적으로 춤을 배우기로 다짐했는데 어디서 배워야 할지 막막했다. 114에 전화했더니 간절한 바람이 통했는지 볼룸댄스를 가르치는 대한무도협회의 전화번호를 알려주었다. 그래서 대한무도협회에 전화를 걸어 상담했더니 취향이 다를 것 같다면서 브레이크댄스 가르치는 곳을 소개해 주었다. 이곳저곳을 더 알아본 후에 그는 한 헬스클럽의 청소년 댄스팀을 찾아가서 열심히 춤을 배웠다.

하지만 늘 공부가 춤추는 그를 괴롭혔다. 그는 서울에 살면서도 공부를 못하는 바람에 할 수 없이 지방 공업고등학교로 진학했는데 그마저도 춤을 추느라 학교에 결석하는 날이 많았다.

선생님은 제안을 했다.

"선생님은 네가 정말 아깝거든. 네가 기능사 자격증을 꼭 땄으면 좋겠어."

"하지만 공부하는 게……."

"그래도 학생은 공부해야 해. 네가 10등 안에 들면 내가 밥을 사 주마."

양현석은 잠시 춤을 접고 공부에 매달렸다. 열심히 공부했더니 반에서 10등 안에 들었다. 선생님은 종로까지 가서 함박스테이크를 사 주셨다. 양현석은 고등학교를 다니며 건축 관련 기능사 자격증을 땄고 졸업 후 서울 종로의 한 지도제작회사에서 잠시 평범한 직장인 생활을 했다.

하지만 함께 춤추던 친구들이 텔레비전에 속속 출연하자 이건 아니다 싶었다. 견딜 수 없던 그는 곧바로 직장을 그만두고 꿈을 찾아 이태원으로 달려갔다. 그리고 유명 브레이크 댄스팀인 스파크에 합류하여 본격적인 프로 댄서의 길로 들어섰다. 그러다 스파크의 연습실에서 당시 잘 나가던 가수 박남정을 알게 되었고 '박남정과 친구들'에 합류하면서 댄서 겸 안무가로 활동했다.

양현석과 팀을 이루어 활동하게 된 서태지는 애초 솔로 가수로 데뷔할 생각이었다. 랩을 접목한 댄스 음악을 만들었지만, 랩은 당시 국내에는 생소한 것이어서 노래와 어울리는 안무가 필요했다. 서태지는 최고의 춤꾼에게서 춤을 배우겠다는 생각으로 이곳저곳을 알아보다가 '박남정과 친구들'에서 댄서로 활약하는 양현석에게 찾아갔다. 양현석은 서태지가 만든 노래 〈난 알아요〉를 듣고 이렇게 조언했다.

"노래가 좋네. 그런데 이 노래는 혼자 하는 것보다 팀을 짜서 하는 게 훨씬 좋을 것 같아."

"그럼 우리 같이 해 봐요."

그렇게 하여 국내 가요계의 이단아들이자 한 시대를 풍미했던 '서태지와 아이들'이 탄생했다.

양현석은 '서태지와 아이들' 의 멤버로 활약하면서 간간히 작사도 하고 보컬, 춤, 드럼 등을 담당했다. 서태지에게 보컬을 밀리긴 해도 웬만한 노래와 랩은 충분히 혼자 소화할 수 있는 가창력도 갖추었다. 춤은 이주노의 카리스마에 눌려 2인자의 위치에 있었지만 소울 댄스만큼은 선구자적 역량을 보여 주었다. 양현석은 매일 같이 바쁜 방송 활동 중에도 화성학을 배우고 컴퓨터 미디 작곡도 시작하는 등 음악적 역량을 강화했다.

그러다 '서태지와 아이들' 이 해체되고, 양현석은 연예기획사 'YG엔터테인먼트' 를 설립했다. 그는 지치지 않는 열정을 보였다. 1997년 지누선을 시작으로 원타임, 세븐, 렉시, 빅뱅, 2NE1 등을 연이어 성공적으로 데뷔시켰다. 2000년에는 서태지가 미국에서의 긴 생활을 접고 한국으로 컴백하자 앨범 홍보와 관리까지 해 주었다. 그리고 M.Boat엔터테인먼트와 손잡고 휘성, 거미, 원티드, 빅마마 등을 데뷔시켰다. 매니아적인 힙합 가수를 길러내는 한편, K-POP 스타들을 육성하는 광범위한 프로젝트도 추진하고 있다.

양현석은 한국 음악계도 미국처럼 유명 프로듀서가 음반의 성패를 좌우할 것이며, 가수보다 프로듀서 중심 체계로 재편될 것이라 판단하고 프로듀서 발굴과 양성에도 힘써왔다. YG의 초창기부터 함께한 페리를 비롯해 원타임의 테디와 스토니스컹크의

쿠시 그리고 빅뱅의 지드래곤 등이 양현석의 프로듀서 조련 시스템으로 탄생한 대표적인 인물들이다.

이렇게 어릴 때 꿈을 한껏 이루고 사는 양현석! 그는 매일 장난이나 치고 공부와는 담을 쌓고 살며 수시로 부모님 속을 썩이던 말썽꾸러기였다. 하지만 학교에 지각하든, 결석하든, 선생님께 혼이 나든 상관없이 자신이 좋아하는 것으로 꿈을 이루려고 무지 노력하던 아이였다.

진짜 꿈을 찾는 2단계

내가 잘하는 건 뭘까

사람마다 지닌 능력이 달라서 별 힘을 들이지 않고도 수월하게 할 수 있는 일이 있는가 하면, 아무리 노력을 많이 해도 잘 발전하지 않는 일이 있다. 이렇게 특정 분야에서 잘할 수 있는 잠재능력을 '적성'이라고 한다. 예를 들면 국어는 잘하는데 수학은 아무리 공부해도 못하는 학생이 있는가 하면, 수학은 쉽게 잘하는데 영어는 도통 늘지 않는다고 하소연하는 학생도 있지 않은가.

진짜 꿈을 찾는 데 무엇보다 중요한 것이 있다. 특정 분야에서 가장 잘할 수 있는 능력을 발견하는 것이다.

"내가 잘할 수 있는 일은 무엇일까?"

이런 고민을 해결하려면 다양한 분야를 학습하며 경험해 보는 것이 가장 좋다. 단, 그 속에서 자신을 객관적으로 관찰해 보기 바란다. 직접 경험하는 것이 많을수록 좋다. 요즘 체험 학습을 강조하는 이유도 이 때문이다. 여건이 여의치 않는다면 다양한 독서로 간접 경험을 하며 잠재능력을 발굴하는 것도 한 방법이다. 직업이나 진로 관련 사이트를 활용하면 직업의 세계를 좀 더 체계적으로 탐구할 수 있다.

하버드대학교 교육심리학과 교수였던 하워드 가드너 박사의 '다중지능이론'에 따르면 사람에게는 다음과 같은 여덟 가지 지능이 있다고 한다. 참고하면 자신의 능력을 파악하는 데 도움이 될 것이다.

- 언어적 지능: 언어, 구조, 의미에 대해 민감하다. 독서, 작문, 이야기하기, 낱말 게임 등을 좋아한다.
- 음악적 지능: 리듬, 음조, 음색을 만들고 평가하는 능력이 뛰어나다. 노래 부르기, 음악 감상하기, 콧노래하기, 박자 맞추기 등을 좋아한다.
- 논리 수학적 지능: 논리적이고 수리적인 것에 민감하며 구분 능력이 뛰어나다. 실험, 질문, 퍼즐, 계산 등을 좋아한다.
- 공간적 지능: 시각과 공간적 세계를 정확하게 자각하고 최초의 자각에 근거해 형태를 바꾸는 능력이 탁월하다. 디자

인, 그림, 공상, 낙서 등을 즐긴다.

- 신체 운동적 지능: 몸의 움직임을 통제하고 사물을 능숙하게 다루는 능력이 뛰어나다. 춤, 달리기, 뛰기, 쌓기, 만지기 등과 같은 몸 동작을 좋아한다.
- 인간 친화적 지능: 타인의 기분, 기질, 동기, 욕망을 구분하고 적절하게 대응하는 능력이 높다. 통솔, 조작, 사람 다루기, 모임 운영, 파티, 말하기 등을 좋아한다.
- 자기 성찰적 지능: 자신의 감정에 충실하고 정서를 구분하는 능력이 뛰어나다. 목표나 계획 설정, 중재, 공상 등을 좋아한다.
- 자연 친화적 지능: 자연을 관찰하고 즐기는 능력이 좋다. 동물이나 식물을 키우거나 관찰하는 일, 자연 감상, 텃밭 가꾸기 등을 즐긴다.

엉뚱함 속에 숨겨진 재능

상대성 이론을 완성한 세계적인 물리학자 아인슈타인은 어린 시절, 정말 쓸모없어 보이는 아이였다. 말도 제대로 못 익혔고 머리 쓰는 것도 형편없었고 행동도 어설펐다. 학교에 가서도 마찬가지였다.

"선생님, 나침판은 왜 북쪽을 가리키죠?"

"시간이라는 게 뭐예요?"

그는 엉뚱한 질문과 행동을 수시로 하여 아이들에게 따돌림을 당했고 늘 귀찮은 존재가 되었다.

담임선생님은 아인슈타인의 어머니를 불러 말했다.

"이 아이에게는 아무 것도 기대할 수 없어요. 이 아이가 교실에 있으면 다른 아이들에게 방해가 되니 학교에 보내지 마셨으면 합니다."

가슴이 덜컥 내려앉은 어머니는 간신히 입을 열었다.

"그러죠. 제가 직접 가르칠 수밖에요."

아인슈타인은 다음날부터 학교에 가지 못했다. 어머니가 직접 아들을 가르치기 시작했지만 여간 난감한 일이 아니었다.

'만약 저 아이를 학교에 보내 다른 아이들과 똑같이 행동하고 배우게 한다면 계속 저능아 취급을 받을 게 뻔해. 저 아이 나름대로 잘할 수 있는 것을 찾아야 해.'

그 뒤 기술자인 아버지는 아들에게 수학을, 밝고 정열적이고 성실한 어머니는 피아노와 바이올린을 가르쳤다. 아인슈타인으로 하여금 다양한 삶을 모색해 보도록 하기 위해서였다. 특히 어머니는 아들에게 더없이 친절했고 사소한 일에도 격려를 아끼지 않았다.

"애야, 너에게는 다른 사람들에게 없는 훌륭한 장점이 있어. 네가 있어야 감당할 수 있는 어떤 큰일이 기다리고 있단다. 그것을 찾아야 해. 너는 틀림없이 훌륭한 사람이 될 거야."

어머니는 아들이 남들보다 잘할 수 있는 게 무엇인지 찾도록 했다. 쉽지 않았다. 그렇다고 포기할 수는 없었다.

한번은 이런 일이 있었다. 어머니가 아인슈타인을 데리고 친구 가족과 함께 강가로 놀러갔을 때다. 친구의 아이들은 잠시도 가만있지 못하고 이리저리 뛰어다니며 놀았다. 그런데 아인슈타인은 혼자 강기슭에 앉아 하염없이 강물만 쳐다보았다.

어머니의 친구는 걱정스러워하며 말했다.

"쟤는 왜 저렇게 멍하니 강물만 쳐다보니? 정신적으로 무슨 문제가 있는 건 아닐까? 의사에게 진찰을 받아 보는 게 좋겠어."

그러자 어머니는 딱 잘라 말했다.

"너는 내 아들이 멍하니 강물만 쳐다보고 있는 것으로 보이니? 다시 잘 봐. 내 아들은 지금 깊은 사색에 빠져 있어. 커서 훌륭한 학자가 될 거야."

그러던 어머니는 4년 만에 기어이 원하던 것을 발견했다. 아들은 아주 평범한 것조차 호기심 어리게 바라보며 엉뚱하다 싶은 질문을 해나갔다. 그중에서 '자석이 서로를 잡아당기는 힘'에 관해 가장 궁금해 했다. 이것은 아인슈타인이 물리학에 관심을 갖는 놀라운 계기가 되었다.

아인슈타인에게 수학과 물리학에 천부적인 재능이 있다는 것을 발견한 어머니는 굉장히 흐뭇해 하며 아낌없이 아들을 도왔다. 자신의 강점을 개발하며 자라난 아인슈타인은 상대성 원리와 뛰어난 업적으로 많은 상을 받았다. 1921년에는 '노벨 물리학상'을, 1925년에는 런던의 천문학왕립협회로부터 메달을 받았다. 4년 후인 1929년에는 독일의 왕립아카데미가 발행한 두 번째 '프랭크 메달' 수여자가 되었다.

소리의 전설을 만든 특기 하나

일반인들에게는 낯설지 모르겠지만 '사운드 디자이너'라는 직업이 있다. 사운드 디자이너는 이름에서 짐작할 수 있듯이 소리를 만들고 깎고 다듬고 합치고 멋을 내는 일을 한다. 우리나라 최고의 사운드 디자이너로는 음향감독으로 유명한 김벌래 홍익대학교 교수를 꼽는다. 사실 사운드 디자이너라는 직업 이름을 만든 사람도 바로 그이다.

김벌래 교수는 일제 강점기인 1941년 경기도 광주 어느 산촌에서 태어났다. 그의 표현을 빌리자면, 고향은 두메산골 중에서도 더 외딴 곳이었고 그의 가족은 너무 가난해서 일본 사람이 살다가 비워둔 집을 빌려 살았다. 아버지는 트럭 조수로 일하셨고 어머니는 선천성 소아마비를 앓으셨다.

김벌래는 체격이 왜소하고 병약하여 또래 아이들과 잘 어울리지 못했다. 가난과 외로움은 피할 수 없는 숙명 같으면서도 어떻게든 뛰어넘어야 하는 장애물이었다.

"찐따 간다!"

"어, 정말!"

아이들은 다리를 절룩이며 걷는 어머니를 향해 "찐따 간다!"라고 놀렸다. 김벌래는 그 광경을 창피하고 우울한 시선으로 그냥 지켜만 보았다. 길을 갈 때는 어머니와 뚝 떨어져서 걸었고, 소풍을 갈 때는 어머니에게 제발 따라오지 말라고 했다.

어머니는 자식에게조차 그렇게 서러운 대접을 받으며 사셨다. 트럭 일이 있다며 밖으로 나가면 며칠씩 돌아오지 않는 아버지 때문에 마음고생도 심하셨다.

스물아홉 살 젊디젊은 어머니는 끝내 앓아누우셨다. 날이 가고 달이 가도 몸은 나아지지 않았다.

무려 일 년이 지나도록 어머니가 못 일어나시자 열 살배기 김벌래는 큰일 났다 싶었다. 어머니를 즐겁게 해 드려야겠다고 생각했다. 그 시작으로 어머니 곁에 앉아서 만화책을 읽어 드렸다. 처음에는 그냥 국어책처럼 읽었지만 차츰 변화를 주었다. 효과음도 한껏 살렸다. 그러자 어머니가 빙그레 웃으셨다. 김벌래의 만화책 읽는 실력은 나날이 늘어갔다.

"휙, 팍, 푹, 눈이 하나뿐인 염소가 쑤웅 날아간다아, 슈웅!"

김벌래는 다양한 효과음을 넣어 만화책을 읽다가 환등기를 만들었다. 궤짝에 전구 하나를 집어넣고 확대경을 양쪽에 붙였다. 그리고 나서 오목 렌즈에 투과하는 불빛으로 만화책을 비추었다. 효과음을 내기 위해 그릇 여러 개를 나무로 두드리기도 했다. 빗자루로 벽을 쓸기도 했고 휘파람을 멋지게 연습하기도 했다.

그러나 그해 어머니는 자리에 누운 채 돌아가셨다. 2년 후인 1951년 1·4후퇴 때는 아버지마저 허리를 다치시고 말았다.

김벌래는 온몸에 깁스를 한 채 누워계신 아버지를 보며 어떻게 하면 즐겁게 해 드릴 수 있을까 고민했다. 아버지에게도 어머니 앞에서 그랬던 것처럼 환등기를 설치하여 벽에 비추고 다양한 효과음을 만들며 만화책을 읽어 드렸다. 종이에 사람을 그려서 오린 다음 그림자극을 했더니 누워계신 아버지가 아이처럼 즐거워하셨다.

김벌래는 내친 김에 동네 아이들에도 그림자극을 선보였다. 입장료는 성냥 한 갑이었다. 날이 갈수록 김벌래가 내는 음향 효과는 더욱 다양해졌고 마을 어른들까지 집으로 모여들었다. 하지만 아버지 역시 얼마 후에 돌아가시고 말았다.

어린 나이에 너무나 큰 슬픔을 두 차례나 겪으면서 김벌래는 자신이 정말 잘할 수 있는 일이 무엇인지 알게 되었다. 그리고 그 것은 1퍼센트의 영감이 담긴 자신만의 진짜 꿈으로 이어졌다. 그 꿈은 바로 효과음을 전문적으로 만드는 사람이 되는 것이었다. 외진 산골에서 어머니와 아버지가 돌아가시기 전에 아낌없이 보여 드렸던 재롱이 생각하지도 못했던 새로운 세계를 열어 준 것이다. 우리나라 최초의 사운드 디자이너는 그렇게 탄생했다.

김벌래는 신시사이저와 미디가 귀했던 1970년대에 만화영화 〈태권V〉에 사용할 우주 소리를 내기 위해 가야금을 두들겼다. 그 것도 모자라서 때타월을 치고 그릇 긁는 일을 수없이 반복했다. 가야금의 낮은 음과 높은 음을 합성하여 절묘한 우주선 소리를 만들기도 했다. 불길이 피어오르는 소리를 만들 때는 도자기 굽는 가마를 찾아가 녹음했는데, 그래도 부족하다 싶어 그 효과음을 가장 잘 전달할 수 있는 스피커를 찾아 나섰다.

이렇게 김벌래는 열정적으로 소리를 만들고 깎고 다듬고 멋을 냈다. 결국 86 아시안게임, 88 서울올림픽, 2002 월드컵 및 대전 엑스포 등 국가적인 이벤트의 사운드 연출과 제작을 맡으면서 소리의 전설이 되었다. 그가 만든 효과음은 지금도 방송 등에 많이 사용되고 있다. 소리를 창조하는 일은 그가 가장 잘할 수 있는 일이었고 1퍼센트의 영감이 담긴 꿈이자 철학이었다.

진짜 꿈을 찾는 3단계

어떤 사람이 되고 싶은가

진짜 꿈을 발견하려면 나는 어떤 사람이 되고 싶은지 알아야한다. 어떻게 살고 싶은지, 무엇을 위해 살 것인지 자신에게 질문하고 대답해 봐야 한다. 즉 자신의 가치관을 끊임없이 확인하며정립해야 한다.

가치관은 인생의 방향을 제시해 준다. 가치관을 정립하지 않으면 남들의 시선에 따라 우왕좌왕하다가 인생을 낭비하며 후회할수 있다. 그것은 마치 유행에 뒤질세라 일반 핸드폰을 스마트폰으로 바꾸고 그 기능을 한두 가지만 사용하는 것과 같다. 다른 사람들이 그러니까 스마트폰을 사서 액세서리까지 폼나게 입혀놓고 통화용으로만 이용한다면 많은 비용만 낭비한 결과가 된다.이 즈음에서 질문해 보자. 혹시 다른 사람이 나를 어떻게 볼까 의식해서 스마트폰 같은 내 인생을 일반 핸드폰처럼 사용하고 있는 것은 아닌지.

진정한 자신의 가치는 자신의 생각이 어떠하느냐에 따라 결정되지 외부 조건으로 달라지지 않는다. 다시 말해 내 꿈과 비전이 무엇이며 어떻게 살기를 원하느냐에 따라 달라진다. 남들이 앵무새처럼 말하는 돈과 명예와 권력을 기준으로 삼지 말고 내가 가장 소중히 여기는 가치관을 따라 진정한 나만의 꿈을 발견해야 한다.

물론 인생을 열심히 사는 것도 중요하지만 먼저는 방향을 제대로 설정해야 한다. 한 번 지나간 인생은 되돌릴 수 없고 지나간 길을 돌아가려면 그만큼 힘들기 때문이다. 원하지 않는 방향으로 가느니 차라리 가지 않는 것이 나을 때가 많다.

소중히 여기는 가치를 따르면 당당하고 보람되게 살 수 있다. 뜻하지 않게 어려운 일을 만나더라도 충분히 감당할 수 있다. 이러한 가치관에 대한 질문을 계속 해나가면 언젠가 나만의 진짜 꿈을 발견할 수 있다.

슈프랑거는 가치관의 유형을 다음과 같이 분류했다. 내가 소중히 여기는 가치관은 어느 유형에 해당하는지 살펴보고 관련 직업군을 탐색해 보기 바란다.

- 권력형: 권력과 지위, 정치에 의한 지배를 추구하며 권리 획득을 최고 가치라 생각한다.

- 이론형: 학문 연구, 지리 탐구, 명예 획득뿐만 아니라 가르치는 것에 가치를 둔다.

- 경제형: 이익 추구와 돈을 최고 가치라 생각하며 경제 활동에 큰 의미를 둔다.

- 심미형: 음악이나 미술 등 예술 분야에 몰두하며 미에 가치를 둔다.

- 종교형: 종교적 가치관에 따라 행동하며 성스러움을 추구한다.

- 봉사형: 타인을 사랑하고 봉사하는 것에 가치를 둔다.

가치를 따라 가치 있게 된 인생

컴퓨터로 중요한 작업을 하는 중에 이상한 창이 자꾸 열리거나 컴퓨터가 아예 작동을 하지 않아서 곤란했던 적이 누구나 한번쯤 있을 것이다. 나 역시 컴퓨터가 먹통이 되어 중요한 파일이 날아가버릴까 봐 울기 일보 직전이었던 때가 있다. 그때 중학교 2학년이던 조카가 없었다면 나는 몇날 며칠 동안 그 많은 문서 작업을 다시 해야 했을지 모른다.

"휴, 다행이다."

"삼촌, 악성바이러스 생긴 거 V3로 고쳤어요. 안철수 교수가 만든 거예요."

"아, 그분!"

안철수는 평범한 학창 시절을 보냈다. 부모님 말씀을 잘 듣긴 했지만 원래 공부를 잘하는 학생은 아니었다. 중·고등학교 때 성적은 60명 중에서 30등 정도였다. 학교 공부보다는 과학책이며 소설책에 빠져 지냈다. 그렇게 책에 빠져지내다 보니 그 흔한 사춘기도 그냥 지나갔다.

그는 고등학교 3학년이 되어서야 공부에 열중했다. 인간의 가치에 대해 깊이 깨닫게 되면서 자신을 낳아 주고 길러 주신 부모님 은혜에 보답해야겠다는 마음이 생긴 후부터다. 그 뒤로 한 단계씩 성적이 오르더니 전교 1등까지 도달했다.

의사인 아버지에게 영향을 받아서일까? 그는 생명을 살리며 아픈 사람을 고치는 일이 가치 있게 보였다. 의사가 되기 위해 서울대 의대에 진학했고 틈틈이 의료봉사도 하며 자신의 가치관을 실천해 나갔다.

대학원에서 심장 부정맥을 연구하는 '심장전기생리학' 박사 과정을 밟고 있을 때였다. 컴퓨터에 악성 바이러스가 발견되어 속을 썩였다. 전공 공부를 충실히 하는 틈틈이 컴퓨터 공부도 열심히 했던 그였지만 악성바이러스를 퇴치하느라 무척 고생했다. 알고보니 악성바이러스로 피해를 본 사람은 한두 명이 아니었다.

'나에게 더 가치 있는 일은 무엇일까?'

이런 생각을 수시로 해 오던 그는 잠시 고민에 빠졌다.

'우리나라에 의사는 나 말고도 많지만, 바이러스 백신을 개발하는 사람이 아무도 없다. 그렇다면 바이러스를 개발하는 일이 현재로서는 많은 사람을 돕는 더욱 가치 있는 일이 아닐까?'

사실 안철수는 잘 나가는 의사였다. 단국대학교 의대 학과장을 맡았고 의사로서 나름 가치 있는 삶도 살고 있었다. 계속해서 의사 생활을 한다면 안정된 길이 보장됐다.

그러나 그는 돈벌이가 되지 않아 누구도 신경 쓰지 않던 일을 과감히 선택했다. 매년 두 배씩 증가하는 악성 바이러스를 연구하고 퇴치하는 일에 전념하기로 한 것이다. 오로지 자신의 가치관을 따라 결정한 일이었다.

그는 악성 바이러스로 피해를 입은 사람들을 돕기 위해 연구에 연구를 거듭했다. 그리고 기어이 세계 최초로 V1 프로그램을 개발했다. 이후 V2, V2PLUS 등을 차례로 발표하면서 백신 프로그램을 업데이트했다. V3 최초 버전은 군대 가는 날 아침까지 개발하여 PC통신에 전송한 것이다.

백신 프로그램 개발에 매진하던 그는 생각했다.

'나 혼자 프로그램을 개발하는 것보다 여러 명이 함께 힘을 모으면 더 효율적이고 가치 있는 일을 할 수 있지 않을까?'

그는 자신의 이름을 따서 '안철수연구소'를 설립하고 CEO로 변신했다. 프로그래머에서 또 한 번 놀라운 변신을 한 것이다. 이 또한 더 가치 있는 일을 하기 위한 선택이었다. 경영 철학 역시 가치 추구가 우선이었다.

그러던 중 미국의 거대 백신 전문회사인 맥아피에서 천만 달러에 안철수연구소를 사겠다고 제안해 왔다. 하지만 안철수는 그런 제안이 들어올 때마다 거절했다. 외국계 회사가 국내 시장을 잠식하는 것을 막기 위해서였다.

그런 그가 어느 날, 자신이 갖고 있던 회사 주식을 직원들에게 나눠주고 10년간 닦아온 CEO 자리를 떠났다. 교수가 되기 위해서였다.

'CEO보다는 세상에 영향력을 끼칠 수 있는 인재를 많이 양성하는 일이 훨씬 더 가치 있지 않을까?'

미국으로 건너간 안철수는 펜실베이니아 대학교 와튼스쿨에서 MBA 과정을 마쳤다. 한국으로 돌아온 그 다음 행보도 놀랄 만하다. 그는 KAIST 석좌교수로 임용되었고 곧이어 서울대학교 융합과학기술대학원장이 되었다. 그리고 지금은 국가적인 가치를 추구하기 위해 대선을 준비하고 있다.

지금까지 안철수 교수가 걸어온 길을 정리하면 다음과 같다.

- 평범한 학생
- 공부 잘하는 학생
- 의사
- 악성 바이러스 백신 프로그램 개발자
- 회사 CEO
- 대학 교수
- 다음엔?
- 또 그 다음엔?

안철수의 매력은 현실적인 이해관계에 얽매이지 않고 '가치 있는 일'을 찾아 재능을 아낌없이 투자하는 것이다. 그는 가치 있는 일을 하고 나면 더 가치 있는 일에 도전했다. 그리고 결국 많은 사람이 인정하는 '가치 있는 사람'이 되었다.

사람답게 살고 싶었던 꿈 하나

가수 최성봉을 처음 알게 된 것은 2011년 TV에 첫 방송된 〈코리아 갓 탤런트^{Korea got talent}〉라는 오디션 프로그램을 보았을 때다.

처음 그의 노래를 들었을 때 '와' 하는 감탄사가 절로 났다. 순탄치 않은 사연까지 있어 더욱 대단하게 느껴졌다.

그는 고아 출신이다. 세 살 때 부모가 이혼하는 바람에 고아원에 맡겨졌다. 그러다 다섯 살 때 고아원을 뛰쳐나와 대전 지역 유흥가에서 껌과 음료수를 팔며 지냈다. 남들에게 늘 "야, 인마!" 혹은 "거지새끼야!"로 불렸다. 열네 살 때는 절도혐의로 경찰서에 붙잡혀가기도 했다. 어린 나이에 술도 마시고 담배도 피우며 자신을 한없이 혹사시켰다. 아무리 생각해도 이렇다 할 희망이 없었다.

그런 그가 음악에 관심을 가진 아주 특별한 계기가 있다. 대전의 한 터미널 근처 나이트클럽에서 한 성악가를 초대했는데, 마침 최성봉이 껌과 음료수를 팔기 위해 그곳에 들어간 날이었다. 정말 우연히 성악을 듣게 된 그는 온몸이 감전되는 것 같은 충격을 받았다. 그 일은 인생을 바꾸는 한 줄기 빛이 되었다.

그는 혼자 노래를 연습했다. 노래로 성공해서 사람답게 살고 싶었다. 모든 것이 예전과는 확실히 달라졌다. '부랑아처럼 유흥가를 떠돌다가 죽겠지' 하는 좌절감과 쉴 새 없이 가슴을 때리는 쓸쓸함과 무기력이 사라졌다. 멋진 무대에서 노래를 부르고 엄청난 박수를 받는 자신의 모습이 영화의 클라이맥스처럼 선명하게 떠오르면서 영혼을 사로잡았다. 성악가가 되는 1퍼센트의 꿈을 향해 동원할 수 있는 모든 노력과 열정이 총집결됐다. 스스로 생각해도 깜짝 놀랄 정도였다.

성악가 지망생이 된 최성봉은 야학을 했다. 검정고시로 중학교 과정을 마치고 내친 김에 대전예고에 입학했다. 처음으로 학교 문턱을 밟은 일생일대의 사건이었다.

하지만 인생길은 여전히 순탄치 않았다. 그는 학업을 마친 2009년부터 막노동으로 하루하루 생계를 이어갔다. 힘들고 외로운 생활이 줄곧 이어졌지만 성악가가 되겠다는 꿈만큼은 놓지 않았다. 그 꿈은 목숨보다도 소중했다. 어떻게든 성악가가 되어 사람답게 살고 싶었다.

그러던 어느 날, 꿈을 이루는 좋은 기회가 왔다. 〈코리아 갓 탤런트〉에 출연하게 된 것이다. 무대에 오른 그는 놀랍게도 폭발적인 반응과 주목을 받았다. 그가 노래하는 영상은 유튜브에서 5천만 이상이라는 조회 수를 기록하며 화제를 불러일으켰다. 곧 그의 사연은 CNN, ABC 방송 등 해외 65개 언론에 소개되었다. CNN에는 그의 이야기가 메인 뉴스로 올라갈 정도였다.

최성봉은 눈물을 닦으며 이렇게 말했다.

"예전에 저는 죽지 못해 살았습니다. 그런데 성악이 정말 좋았습니다. 성악을 해서 꼭 사람답게 살고 싶었습니다. 저 같은 사람도 누군가에게 희망이 될 수 있다니 감사할 뿐입니다. 그동안 고

통은 신이 주신 축복이라고 생각합니다. 두드리면 열리지 않는 문은 없다고 믿습니다."

우리 대부분 사람은 그가 한 말 "사람답게 살고 싶었다"라는 이야기가 가슴에 잘 와닿지 않을 것이다. 그는 불우했던 환경만큼이나 소망도 절박하고 간절했을 테니 말이다. 하지만 그의 이야기를 이 책에 싣는 이유는 '나는 어떻게 살고 싶은가'에 대해 곰곰이 생각해 보기를 바라는 마음에서다. 최성봉이 성악으로써 사람답게 살고 싶다고 생각한 것처럼 우리 청소년들도 먼저는 어떻게 살고 싶은가를 정하고 그것을 이룰 수 있는 구체적인 꿈을 찾아야 한다.

진짜 꿈을 찾는 4단계
나는 어떤 사람인가

자신이 어떤 사람인지 말해 보라고 할 때 막힘없이 이야기할 수 있는 사람은 잘 없다. 그만큼 자신을 아는 것이 힘들기 때문이다. 오죽하면 "먼저 너 자신을 알라"는 명언까지 있을까?

교실에서도 상황은 다를 게 없다. 학생들에게 눈을 감고 '나는 어떤 사람인가' 곰곰이 생각해 보라고 하면 대부분은 잘 모르겠다고 한다. 30분간 시간을 줘도 마찬가지다. 잘 생각이 나지 않아서 그냥 잤다는 학생도 간혹 있다.

자신이 어떤 사람인지 모를 때는 자신을 둘러싸고 있는 환경을 둘러보는 것이 좋다. 환경이 전적으로 사람을 만드는 것은 아니지만, 사람은 분명 환경의 영향을 받는 존재기 때문이다. 나를 길러 주신 부모님, 성장 배경, 건강 상태, 친구 관계 등을 돌아보면 자신을 이해하는 데 어느 정도 도움이 된다. 단, 눈에 보이는 환경만을 보지 말고, 그 속에 있는 부족한 부분을 자신이 넘어설 수 있는지 파악해야 한다. 이렇게 자신에게 주어진 환경을 재해석하다 보면 1퍼센트의 영감이 담긴 꿈으로 이어지기도 한다.

존경하는 멘토가 걸어온 삶을 기준으로 '나'라는 존재를 재인식하는 것도 괜찮다. 그 멘토의 삶과 비슷하게 살 수도 있고, 그 멘토보다 더 발전된 방식으로 살 수도 있고, 그 멘토의 삶을 참고로 나만의 독창적인 인생을 만들 수도 있다.

자신을 잘 알았던 만화가

세계적으로 유명한 만화《피너츠》를 그린 찰스 먼로 슐츠는 미국 미네소타 주 세인트폴에서 이발사의 아들로 태어났다.《피너츠》의 주인공은 그 이름도 유명한 찰리 브라운이다.

슐츠는 어릴 때부터 참 운이 없는 아이였다. 예를 들어, 극장에서 선착순으로 백 명에게 초콜릿을 준다는 소리를 듣고 부리나케 뛰어가 줄을 서면 백한 번째여서 초콜릿을 받지 못하는 식이었다. 학교에서는 열등생이라고 취급받았다.

중학교 8학년 때 모든 과목에 낙제를 맞은 그는 간신히 학교를 졸업하고 통신미술학교에서 만화를 배웠다. 사실 만화에 남다른 실력이 있었던 것은 아니다.

슐츠는 성인이 되어서도 늘 외톨이였다. 2차 세계대전에 포병으로 참전했을 때조차 적진에 있던 강아지가 다칠까 봐 포격을 하지 못할 정도로 마음도 연약했다.

그는 자신이 줄곧 운도 없고, 열등생이고, 외톨이에다 마음까지 너무 연약한 사람이라는 것을 깨닫고 수시로 절망감에 빠졌다. 아무리 생각해도 이 세상을 살아가기에는 버겁게 느껴졌다.

그나마 남에게 내보일 수 있는 것이라고는 통신미술학교에서 배운 만화가 전부인데, 그가 그리는 캐릭터들은 하나같이 시시하고, 순해터지기만 하고, 무엇 하나 개성이라고는 없는 것들이었다. 그러다 보니 아무리 열심히 그려서 출판사나 신문사에 가져가도 외면당하기 일쑤였다.

슐츠가 그린 캐릭터를 예로 들면 이렇다. 담요가 없이는 안정을 찾지 못하는 소년, 잘난 척하지만 사랑하는 사람에게 인정받지 못하는 소녀, 똑바로 날지 못하는 새, 스타가 되기를 꿈꾸지만 놀림이나 당하는 개, 자신이 만든 연조차 날리지 못하는 정말 운 없는 소년.

그런데 이런 착상은 바로 자신에게서 나왔다. 그는 자신의 모습을 만화 캐릭터로 그려내면서 별 볼일 없는 신세라는 뜻의 '피너츠'라고 이름을 붙였다. 만화책을 보는 사람들로서는 하품만

나올 캐릭터였다.

그런 슐츠가 성공할 수 있었던 것은 자신을 잘 이해하고 결코 포기하지 않은 덕분이다. 그는 자신의 작품 세계를 믿으면서 자기만의 진짜 꿈을 고집했다.

1950년, 3~5세 어린이들을 주인공으로 하는 만화를 신문에 연재하기 시작한 슐츠는 자신이 그동안 겪은 고독과 불만을 《피너츠》 시리즈의 주인공인 찰리 브라운을 내세워 표현했다. 열심히 노력하니까 앞길이 보이나 싶었다. 하지만 지난날이 그러했듯 앞날도 순탄치 않았다. 많은 사람이 《피너츠》 시리즈에 대해 매우 비판적인 평가를 내놓고 빈정거렸다. 그는 한없이 기가 죽고 말았다.

그러나 슐츠는 결국에는 아주 특별한 역사의 주인공이 되었다. 《피너츠》 시리즈는 초기의 차가운 반응을 깨고 엄청난 생명력을 지니면서 무려 50년간 신문에 연재되었다. 텔레비전 방영은 물론 연극, 장편 만화영화 등으로도 제작되어 세계적인 유명세를 탔다. 서기 2000년, 그는 세상을 떠나기 직전까지도 새로운 작품을 그렸다. 그의 작품들은 결코 등질 수 없는 만화계의 고전으로 남아 있다.

만약 슐츠가 사람들의 말에 따라 자신의 색깔을 잃어버리고 돈과 명예와 권력을 좇아 만화를 그렸다면 어떻게 되었을까? 자기만의 독특한 캐릭터를 만들지 못했을 테고 개성이 없는 만화는 잠시 반짝하다 새로운 유행에 치이고 밀려났을 것이다.

슐츠는 마지막 만화 연재에서 이렇게 작별 인사를 했다.

"사랑하는 친구들에게. 50년 동안 찰리 브라운과 그의 친구들을 그릴 수 있어 나는 매우 행복했어."

암으로 죽음을 앞둔 그는 빙그레 웃으며 만화 캐릭터들과 함께한 지난 세월이 참 행복했다고 했다. 자신만의 진짜 꿈을 발견하고 이루며 살았기 때문이다.

영원한 만화가 찰스 먼로 슐츠는 '나는 어떤 사람인가, 내가 잘하는 것은 무엇인가'를 곰곰이 생각했다. 우리 청소년들도 자신에게 이렇게 질문하고 답변하면서 1퍼센트의 영감이 담긴 꿈을 찾기 바란다.

진짜 꿈을 찾는 5단계

미래 가능성을 발견하라

꿈과 진로를 선택할 때 놓치지 말고 생각해야 할 부분이 있다. 직업의 세계는 세월에 따라 변한다는 사실이다. 세월이 흐르면서 많은 직업이 새로 생기기도 하고 아예 없어지기도 한다. 물론 시대에 따라 변형되고 다른 것과 합쳐지는 직업도 있다. 요즘 뜨고 있는 직업이 앞으로도 계속해서 유망할 것이라는 보장은 없다. 진로를 고민하는 청소년들은 세상의 변화를 미리 읽는 안목을 길러야 한다.

예를 들어, 자동차가 막 생기기 시작했을 때를 상상해 보자. 그때는 주된 교통수단이 말과 마차였다. 그 당시 말에 관심이 있던 사람들은 무슨 고민을 했을까?

'새것으로 갈아 끼운 말굽을 얼마나 더 오래 쓸 수 있게 할까?'

'말안장을 얼마나 더 편안하게 만들 수 있을까?'

아마 이런 고민을 했을 텐데 그 후 세상은 어떻게 변했나? 자동차 위주로 교통이 발달했다. 자동차가 도로 위를 달리고 말이 차츰 없어지면서 말굽이며 말안장에 대해 고민했던 사람들은 대부분 직업을 잃었다. 하지만 자동차에 관심을 가졌던 사람들은 새로운 많은 기회를 얻었다. 같은 시대에 섞여 살아도 미래를 보는 안목에 따라 앞날이 이렇게 달라진 것이다.

오늘날은 세상이 더욱 빠르게 변하면서 발전하고 있고 새로운 직업이 계속해서 생겨나고 있다. 그만큼 요구되는 역량도 달라지고 있다. 우리는 빠르게 변해가는 세상 속에서 자신의 역량을 미래에도 잘 발휘할 수 있는 직업을 찾아야 한다. 참고로 미래를 결정하는 세 가지 패러다임은 '스마트smart, 안전, 그린green' 이라고 한다. 그리고 시간은 굉장히 빠르게, 정보는 좀 더 싸게, 공간은 크거나 아주 작게 변한다고 한다. 세상을 객관적으로 보면서, 또 어떻게 변할지 상상하면서, 내가 바라는 것의 미래 가능성을 짚어보기 바란다. 그러한 상상은 1퍼센트의 영감이 담긴 꿈으로 인도해 줄 것이다.

미래를 앞서 간 헤어디자이너

"미용은 참 멋진 일이에요. 사람을 젊어 보이게 하고 기분도 좋아지게 하니까요. 우리 헤어디자이너는 움직이는 예술을 하는 아티스트랍니다."

한국 미용계의 전설이자 자존심으로 불리는 박준 뷰티랩 대표가 한 말이다. 그는 중학교도 못 갔지만 이젠 대학교에서 학생들을 가르치는 교수가 되었다. 남자들은 아예 들어가지도 않던 미용실을 어느날 당돌하게 들어간 것이 계기가 되어 이제는 수많은 스타들의 머리 모양을 만드는 독보적인 헤어디자이너가 되었다.

박준. 그의 어릴 때 꿈은 가수였다. 전라도 땅끝마을 해남에서 농부의 일곱 남매 중 셋째 아들로 태어난 그는 어릴 때 노래를 잘 불렀다. 학교를 마치고 돌아오면 부모님의 농사일을 돕고, 나무를 하러 다니고, 소도 키우면서 노래를 했는데 가는 곳마다 노래를 불러 마을 사람들이 '길 나발' 이라 놀렸다.

그런데 4대 1 정도의 경쟁률을 보인 중학교 입학시험에서 낙방하고 말았다. 첫 번째로 쓰라린 실패를 겪은 그는 재수라도 해야 하나 고민에 빠졌다. 그러다 생각을 확 바꾸었다. "말은 제주도로 보내고 사람은 서울로 보내라" 는 속담을 따르기로 했다.

서울로 가서 직장도 잡고 독학으로 중학교에 진학도 하고 가수의 꿈도 이루겠다고 결심한 그는 열네 살 때 어머니 몰래 달걀을

팔아 번 돈 500원을 들고 서울행 버스에 올랐다. 여기저기로 작곡가 사무실을 찾아다녔지만 가수가 되는 것은 마음처럼 쉽지 않았다. 돈도 금방 떨어지고 말았다. 구두닦이, 아이스크림 장사, 공사장 인부, 유흥업소 종업원 등을 전전하며 하루하루 먹고 살아야 했다.

그는 꿈을 바꾸었다. 가수보다는 장사로 돈을 벌겠다는 꿈을 안고 동대문 시장에 취직했다. 하지만 장사 밑천이 없는 터라 꿈을 이루기가 너무 어려웠다.

스물두 살 때, 그의 꿈이 다시 바뀌었다. 전혀 예상치 않은 일이었다. 박준은 우연히 종로 YMCA 건물 앞을 지나다 한 미용실을 발견하고는 한참을 들여다 보았다.

'아, 저 일을 내가 해도 될까? 나는 남자인데 괜찮을까?'

당시 미용실은 남자들이 출입하지 않는 곳이었다. 누구도 남자 미용사를 생각하지 않던 그때, 박준의 반항적이고 도발적인 아이디어는 미용실에 딱 고정이 되었다. 다른 남자들이 하지 않으니 오히려 성공 가능성이 더 커 보였다. 확신이 생긴 그는 조심스럽게 안으로 들어가 취직을 부탁했다. 다행스럽게도 미용실 원장은 그를 마음에 들어 했다.

"외국에는 남자 미용사가 많아."

"아, 네."

"남자라도 미용 기술을 익히면 괜찮을 거야. 앞으로 우리나라도 외국처럼 남자 미용사들이 점점 늘어날 거고. 내일 출근할 수 있지?"

하지만 세상 편견이 그를 괴롭혔다. 출근 첫날, 도저히 미용실에 들어가기가 낯부끄러워 건물을 몇 바퀴 돌고서야 겨우 발을 들여놓았다. 그는 고개를 푹 숙이고 청소부터 했다. 그곳에는 미용사가 30명 정도 있었는데 남자 직원은 박준 혼자였다. 그는 혼자 허드렛일을 다 하면서 머리를 감기는 것부터 배워 나갔다.

그는 언젠가 분명 최고 헤어디자이너가 되겠다는 각오로 기술을 배웠고 밤이 되면 야간 학교를 다녔다. 기어이 일 년만에 미용사 자격증도 땄다. 미용실에 취직한 지 4년 후에는 더 발전된 기술을 배우려고 명동에 있는 미용실로 직장을 옮겼다. 밥을 먹거나 물건을 살 때도 고객을 만들기 위해 부단히 노력했다.

그러는 사이 박준은 차츰 미용업계에 알려졌다. 미용을 시작한 지 7년 만에 국제무대인 IBS^{International Beauty Show} 예선 대회에 나가 준우승을 했다. IBS는 우리나라에서 세계 대회에 나갈 수 있는 유일한 등용문이다. 다음 해에 그는 뉴욕 본선 대회에 출전하여 퍼머넌트 부문에서 3위를 차지했다.

박준의 눈에 비친 외국 미용은 예술 그 자체였다. 미용 예술에 한층 더 매력을 느낀 그는 기꺼이 로스앤젤레스의 비달사순학교에 들어가 가위손 커트, 전문가 커트 등을 배웠다. 당시 대기업 사원 월급이 20만 원 정도였는데 그는 월 200~300만 원을 벌었다. 그리고 돈만 생기면 미국이든 유럽이든 찾아다니며 최신 미용 기술을 배우는 데 주저하지 않았다. 우리나라에 처음으로 '헤어디자이너'라는 개념이 등장한 것도 그의 공로 덕분이다.

그는 수많은 아이디어를 발휘하는 사람으로 유명하다. 거꾸로 매달려서 커트를 하는 등 여러 가지 이벤트를 했으며, 그 가운데 가장 주목받은 것은 남성 전용 미용실을 최초로 만든 것이다. 안성기, 이영하, 조용필 등 우리나라에서 내로라하는 연예인들이 그를 찾기에 바빴다. 3년 동안 예약손님이 꽉 차서 소화하지 못할 정도로 번창했다. 덕분에 강남에 사옥을 마련하는 등 미용사에서 기업가로 변신했다.

박준 뷰티랩 프랜차이즈 사업은 날로 확장되었다. 외국까지 합쳐 지점이 백여 개나 되며, 이름만 내어주는 게 아니라 미용에 관한 제반 시스템을 심어주는 데 주력하고 있다.

그가 말했다.

"헤어디자인은 사람의 이미지에서 70퍼센트 정도를 차지합니다. 의상보다 이미지에 더 큰 영향을 주지요. 사람들의 생활수준이 높아지고 외모에 대한 관심도 점점 늘어나고 있으니까 헤어디자인은 미래에 더욱 발전할 것입니다."

박준은 장래 희망을 희미하게 몇 번 품었다가 장래성이 있는 일로 바꿨다. 남자들이 전혀 일하지 않던 미용실에서 자그마한 꿈조각을 발견하고는 노력과 열정을 다 바쳤다. 그 결과 새로운 문화를 창조하며 성공한 멘토로 우리 앞에 서게 되었다.

작고 희미한 가능성에서 발견한 꿈

낮에는 빌딩 청소를 하고 밤이 되어야 대학에 다니던 학생이 있었다. VANK라는 사이트를 개설하여 운영하고 있는 박기태 단장이다. 그가 홈페이지 제작에 발을 들여놓게 된 시작은 대학 과제를 준비하면서다. 늘 시간이 부족했던 그는 친구들이 하는 것을 어깨 너머로 살펴보고 프로그램 설명서 등을 읽으며 홈페이지 제작을 공부했다. 그것이 계기가 되어 펜팔 사이트도 만들게 됐다.

'와, 나도 이런 걸 만들다니!'

초보 수준의 형편없는 사이트였지만 그는 펜팔 사이트 하나를 직접 만들면서 주변에 흩어진 채 반짝이는 꿈조각을 발견했다.

'언젠가는 세계적인 사이트를 만들 거야. 수많은 사람이 찾아와서 펜팔 정보를 교환하고 자기 나라 국위를 선양하게 하면 어떨까?'

그는 자기 실력보다 훨씬 크고 거창한 꿈을 꾸었다. 세계인들이 그가 만든 사이트에 수없이 찾아와 국위를 선양하게끔 한다니, 골방에 앉아 하루하루 생계를 걱정해야 하는 그로서는 상상도 못할 큰 꿈을 함부로 꾼 셈이고 친구들이 들으면 그야말로 코웃음 칠 일이었다.

하지만 그는 100분의 1이든, 10만분의 1이든 가능성이 있다고 확신했다. 혼자서 하는 질문과 답변이 이어졌고 계속해서 일을 추진했다.

'거창한 펜팔 사이트'를 만들기 바쁜 그에게 어느 날 시련이 찾아왔다. 갑자기 불어닥친 IMF와 취업난은 가난한 청년을 더욱 배고프고 힘들게 했다. 세계에서 가장 유명한 펜팔 사이트를 만들겠다는 꿈은 다음 기회로 미루어야 했다.

그는 생계를 위해 낮에는 빌딩 청소를 하고, 밤에는 좋은 직장을 얻기 위해 토익 공부를 했다. 결국 원하는 회사에 들어가 안정된 직장 생활을 했지만, 절대 놓을 수 없는 그 꿈을 두고 고민을 거듭해야 했다.

가족의 반대를 무릅쓰고 그가 내린 결론은 자신이 하고 싶은 일을 하는 것이었다. 사표를 던진 그는 VANK에 모든 열정을 쏟아 부었다. 생활 자체가 180도로 달라졌다. 일을 할수록 신바람이 났다. 펜팔 사이트로 시작한 VANK는 곧 다양한 메뉴를 갖췄다.

"명문대를 나왔으면 더 나은 삶을 살고 있을 텐데……."

늘 따라 다니던 이런 열등감도 VANK를 성공적으로 운영하면서 사라졌다. 오히려 자신이 우리 사회를 리드해 나간다는 자긍심이 그 자리를 대신 했다.

VANK는 설립 이후 외국 네티즌 백만 명을 1차 대상으로 우리나라를 홍보했고, '일본해'를 '동해'로 표기하라는 메일을 미국 CIA는 물론 여러 세계기구에 보냈다. 이 외에도 각종 해외 사이트에서 발견한 우리나라에 대한 잘못된 정보 140건 이상을 수정하라고 요청했다.

가난과 미래에 대한 불안감에 휩싸여 살던 박기태 단장을 이렇게 바꾼 것은 작은 가능성에서 발견한 자신만의 진짜 꿈이다. 제대로 꾼 꿈 하나는 바로 이렇게 인생을 역전시키고 변화시킨다.

도전 리스트
작성

　이것저것 하고 싶은 것이 많다면 도전 리스트를 적어 보자. 도전 리스트를 작성하면서 하고 싶은 것을 구체화하면 1퍼센트의 영감이 담긴 나만의 진짜 꿈을 발견할 수 있다. 때로는 그 하나하나가 커다란 꿈의 영역이나 토대를 이루기도 한다. 거창한 게 아니어도 괜찮다. 나만의 아주 작은 목표를 실천 가능한 것부터 작성하면 된다.

수많은 도전이 만들어 준 꿈

　1944년 미국 로스앤젤레스의 비 내리는 어느 오후, 열다섯 살 소년 존 고다드는 식탁에 앉아서 할머니와 숙모님이 이야기하는 내용을 듣고 있었다. 할머니는 이런 말을 유난히 많이 하셨다.

"내가 젊었을 때 그걸 했더라면⋯⋯."

그 말을 귀에 거슬릴 정도로 자주 들은 존 고다드는 결심했다.

'나는 커서 할머니처럼 젊었을 때 무엇을 했더라면 좋았을 거라며 후회하는 일은 절대 하지 않을 거야.'

존 고다드는 연필과 종이를 꺼내고는 맨 위에 '나의 도전 리스트'라고 썼다. 그 아래는 평생에 걸쳐 하고 싶은 일, 가고 싶은 곳, 배우고 싶은 것 등을 기록했다. 조금만 노력하면 충분히 할 수 있는 일뿐 아니라 아예 불가능해 보이는 것도 이렇게 적어 나갔다.

비행기 조종술 배우기

낙하산 타고 뛰어내리기

킬리만자로 등산하기

아프리카 콩고 강 탐사하기

알래스카 문화 경험하기

아프리카 케냐 여행하기

대학에서 강의하기

하고 싶은 것들은 아주 다양했다. 존 고다드는 우리나라 나이로 15, 16세쯤 되었을 때부터 무려 127가지를 도전 리스트에 적었다. 그리고 그것을 항상 휴대하고 다녔다. 어느 곳에서든 시간이 날 때마다 읽어 보며 도전을 이루어내는 자신의 모습을 상상했다.

그는 도전 리스트를 직접 실천하기 위해 수시로 미래를 그려 보고, 독서로 지식을 쌓으며, 정보를 수집했다. 기나긴 탐험 여행을 대비해 체력을 키우는 데도 많은 노력을 기울였다.

부모님은 아들이 꿈을 이룰 수 있도록 적극적으로 지원했다. 장차 탐험가가 되겠다는 아들의 말에 작은 헬멧을 사 주고, 대자연을 체험할 수 있도록 여행도 자주 갔다. 자신을 믿으며 도와주는 부모님의 뒷받침이 있긴 했지만 그 역시 꿈을 이루기 위해 많은 것을 준비했다. 실패를 거울삼아 도전을 거듭해 나갔다.

세계 모든 나라를 찾아가고 싶던 그는 비행기 조종법을 배웠다. 그리고 처음으로 작성한 127가지 도전 리스트 중에서 111개를 이루었을 때 다시 도전 리스트 500개를 채웠다. 그렇게 계속 도전 항목을 늘려가다 보니 어느새 세계적으로 유명한 인류학자이자 탐험가가 되어 있었다.

피그미족을 시작으로 무려 260개 부족과 만난 사람, 마르코 폴로의 《동방견문록》을 직접 체험하고 킬리만자로를 정복한 사람, 탐사 여행 중에 서른여덟 번이나 죽음의 문턱을 오르내린 사람.

존 고다드는 지금까지 이렇게 평가받아 왔다. 그가 기자들에게 한 말이다.

"나는 틀에 박힌 생활에서 벗어나 끊임없이 한계에 도전하고 싶었습니다. 독수리처럼 말입니다. 사실 127가지 도전 리스트를 모두 다 이루려고 고민하지 않았습니다. 중요한 건 내가 인생을 끝없이 도전하며 살고 싶었다는 것입니다."

우리 청소년들도 존 고다드처럼 이루고 싶은 도전 리스트를 작성해 보면 어떨까. 도전에 성공하는 멋진 앞날을 상상하면서 준비하면 꿈조각들이 하나하나 현실로 모습을 드러낼 것이다.

R=1⑨⑨ 공식을 이뤄 줄
멘토 찾기

공부 외에 거의 모든 것에 경험이 부족한 청소년들에게는 멘토가 더욱 절실히 필요하다. 멘토는 신뢰할 수 있는 현명한 상담 상대를 말한다. 흔히 지도자, 스승, 선생님의 의미로 쓰이는 말이다.

멘토라는 단어는 《오디세이아 Odyssey》라는 대서사시에 나오는 오디세우스 왕의 충실한 조언자 이름에서 유래되었다. 오디세우스 왕은 트로이 전쟁에 출정하면서 집안일과 왕자 텔레마코스의 교육을 오랜 친구인 멘토에게 맡겼다. 왕이 전쟁에서 돌아오기까지 무려 십여 년이 걸렸는데 그동안 멘토는 왕자에게 친구, 선생, 상담자, 때로는 아버지 역할을 맡아 주었다. 이후 멘토라는 그의 이름은 '지혜와 신뢰로 한 사람의 인생을 이끌어 주는 지도자'라는 뜻으로 널리 사용되기 시작했다.

멘토라는 말의 유래를 보니 그 필요성이 더욱 절실히 느껴진다. 어린 학생들뿐 아니라 심지어는 사회 중요한 자리에서 많은 사람에게 영향력을 미치고 있는 유명인사들조차도 멘토를 두고 있을 정도니 그 소중함은 두말해서 무엇하리.

자신보다 앞서 같은 고민을 하고 꿈을 찾아 이룬 사람에게 도움받을 수 있다면 그보다 든든한 것도 없을 것이다. 멘토가 있으면 시행착오를 줄이고, 상황에 따라 꿈의 내용을 수정하며, 더 나은 길을 찾을 수 있다. 혹시나 좌절과 패배의 눈물을 흘릴 때 공감할 수 있는 위로와 현실적인 조언으로 꿈을 향해 다시 일어서는 용기와 지혜를 얻을 수도 있다.

멘토는 어디에 있을까

생활 반경이 좁은 우리 청소년들은 어디서 멘토를 찾아야 할까? 무협지를 보면 주인공들은 큰 스승을 찾아 전국 방방곡곡에 있는 산이며 강을 누비고 다닌다. 심지어는 지구 끝까지라도 간다. 스승이 될 사람을 만나면 무릎을 턱 꿇고 이렇게 간청한다.

"바라옵건대 제발 저를 제자로 받아 주십시오."

허연 수염이 길게 늘어진 스승에게서 몇 년간 가르침을 받으면 수많은 화살이 날아와도 용케 다 피하고 어떤 방해 세력도 다 이기는 능력이 생기니 그 어떤 꿈인들 못 이루랴. 그야말로 큰 스승을 만나 슈퍼스타로 발돋움한다.

세계 명작으로 손꼽히는 《젊은 베르테르의 슬픔》, 《파우스트》 등을 집필하여 독일 문학의 최고봉이라 일컬어지는 괴테에게는 멘토가 바로 옆에 있었다. 그가 어릴 때부터 무릎을 베고 자란 어머니다.

괴테의 어머니는 특별한 독서지도법을 아들에게 사용했다. 어린 괴테에게 밤마다 책을 읽어 주곤 하셨는데 항상 이야기가 절정을 지나면 중단하셨다. 그러고는 다음 이야기가 궁금해서 쳐다보는 아들에게 이렇게 말했다.

"아가야, 그 다음은 네가 꾸며 보려무나."

괴테는 어머니가 읽어 주신 이야기를 완성하느라 늘 생각에 잠겼다.

"어머니, 이 이야기는 두 가지가 될 수가 있어요. 하나는 해적이 공주를 구한 후 결혼을 하는 것이고요, 다른 하나는 공주를 자기 나라로 보내는 거예요. 어머니는 어느 쪽이 좋아요?"

어머니가 대답했다.

"아가야, 네 마음이 가는 대로 그냥 상상하고 정하려무나. 그리고 그 이야기를 엄마한테 들려 줘."

"네에."

훗날 괴테는 어린 시절을 회상하면서 어머니의 독서지도법이 자신을 작가로 만들었다고 했다. 그리고 괴테를 연구하는 학자들은, 아이큐 190정도로 추정되는 괴테의 천재성은 어머니의 독특한 독서지도법에 힘입었다고 했다. 훌륭한 멘토 어머니가 아들의 아이큐를 높이고 천재성을 길러 준 것이다.

이렇게 멘토는 의외로 가까운 곳에 많다. 괴테처럼 어머니가 될 수도 있고, 아버지나 선생님, 이웃집 대학생이 될 수도 있다. 가까운 데 있는 멘토는 쉽게 만날 수 있고, 쉽게 도움을 청할 수 있다. 무엇보다도 우여곡절을 겪으면서 깨달은 가르침과 인생철학을 자세하고 생생하게 들을 수 있다.

이 외에도 멘토를 찾을 수 있는 방법은 많다. 텔레비전이나 라디오, 책이나 영화, 세미나 또는 강연회, 인터넷 등을 이용하면 된다. 멘토는 꼭 실존 인물이 아니어도 된다. 연극이나 영화 같은 예술 작품 속 인물도 얼마든지 멘토가 될 수 있다.

멘토를 정할 때는 내 가슴에 무슨 꿈이 있는지, 앞으로 어떤 인생을 살고 싶은지 파악해야 한다. 자신에 대해 제대로 알아야 적합한 멘토를 찾을 수 있기 때문이다. 인생의 쓴맛을 많이 경험하며 성공한 멘토일수록 현실적인 조언을 해 줄 수 있다. 학교에서

멘토 찾기		
어디에서 찾을까?	무엇을 이용할까?	무슨 특색이 있을까?
책	위인전, 자기계발서 등	내성적이며 혼자 독서를 즐기는 학생이라면 이 방식이 제일 좋다. 멘토가 겪은 세세한 에피소드며 교훈 등을 꼼꼼히 체크할 수 있다.
인터넷	인터넷 사이트와 소셜네트워크	인터넷 검색을 즐기는 학생에게 적합한 방식이다. 글로벌 멘토를 찾을 수 있고, 희귀 정보를 발견하거나 멀티미디어 자료를 구하기 좋다. 소셜네트워크로 대표되는 트위터, 페이스북, 카페, 블로그, 유튜브, 앱을 골고루 활용하면 된다.
학교 '진로 지도의 날'	멘토와 대화	학교에서 초청한 다양한 분야의 멘토들에게 꿈과 직업의 세계에 대해 듣고 궁금한 점을 질문한다. 이런 기회는 일 년에 한두 번밖에 없으니 기회가 오면 잘 활용하기 바란다.
직접 찾아가기	회사나 연구소 등	여럿이 팀을 짜서 미리 견학을 신청한다. 멘토가 직접 일하고 있는 현장을 살펴보거나 허물없이 대화를 나눌 수 있는 장점이 있다.
생활 주변	집이나 학교 등	제일 쉽게 다양한 지식을 얻을 수 있다. 하지만 눈에 띄게 성공한 사람이 별로 없다는 단점이 있다.
예술 작품	영화, 연극 등	영화나 연극 같은 예술 작품에 나오는 인물을 보고 멘토로 삼을 수 있다. 실존이 아니라는 단점이 있기는 하다.

'진로 지도의 날' 과 같은 행사에 멘토를 초대하면 그들이 흘린 눈물, 실패와 좌절, 포기, 용기, 구구절절 깨달은 인생의 이치에 주목하기 바란다. 빛보다는 그림자가 더 많은 교훈을 품고 있기 마련이다.

그럼 어떤 멘토를 선택해야 좋을지 알아보자.

- 행복하게 성공한 멘토: 행복하게 성공하고 싶으면 행복을 느끼며 성공한 멘토를 선택하는 게 좋다. 불행하게 혹은 힘겹게 사는 사람을 멘토로 삼으면 자신도 비슷한 길을 갈 수 있다.
- 균형감 있는 멘토: 성공을 위해 마냥 앞으로 나아가기만 한 사람은 좋은 멘토가 아니다. 일과 가정 사이에 균형이 없는 사람은 좋은 조언을 해 주지 못한다. 너무 긍정적이지도 부정적이지도 않으면서 균형 감각이 뛰어난 멘토를 선택하는 것이 좋다.
- 실패 속에서 인생을 배운 멘토: 실패를 여러 번 극복하고 많은 것을 깨달은 사람이라면 큰 마음과 넓은 시야로 조언해 줄 수 있다.
- 인간관계가 좋은 멘토: 사람의 가치는 가까이 있는 사람이 가장 잘 안다. 사회적으로 크게 성공했어도 친구가 없거나 가족이 불화하다면 멘토로서 좋은 상대는 아니다. 평소 좋은 인간관계를 유지하고 있는지 따져서 멘토를 선택해야 한다.

멘토는 많으면 많을수록 좋다. 그 직업에서 성공한 사람이나 실패한 사람의 사례를 살펴보는 것이야말로 교과서 밖에서 얻을 수 있는 실질적인 교육이 된다. 멘토는 꿈에 도달하는 시간과 경로를 많이 단축해 줄 것이다.

이웃집에 사는 소중한 멘토

해방 전후 우리나라 사람 대부분이 그랬던 것처럼 가난으로 학교를 못 다닌 목수가 있었다. 그도 학교를 다녀 멋진 꿈을 이루고 싶었지만 생계를 해결하는 것이 급했다. 그는 자신을 불러 주는 곳이면 어디든 달려갔다. 그러다 한 번은 목공 일의 책임자로 명지 대학 신축 현장에 갔다.

그는 일을 맡으면 늘 최선을 다하며 가급적 빠른 시일 안에 일을 마무리 지으려 했다. 그러다 보니 다른 목수들이 다 퇴근한 후에도 혼자 밤늦게까지 일하는 횟수가 잦았다.

어느 날, 명지 대학 설립자인 유상근 학장이 밤늦게 퇴근하다가 목공실에서 툭탁거리는 소리를 듣고 가 보니 혼자 일하는 목수가 보였다.

"이보세요. 몸도 생각하면서 일해야지요. 그만 일하고 퇴근하는 게 어떻겠어요?"

목수가 대답했다.

"학장님, 목수가 하는 일은 중노동입니다. 젊을 때야 할 수 있지만 나이 들어서까지 할 수 있는 건 아니지요. 그러다 보니 저 같은 사람은 한 살이라도 더 젊을 때 부지런히 일해서 노후를 준비해야 합니다. 제 꿈은 자식들에게 손 벌리지 않아도 되는 탄탄한 노후를 마련하는 것이랍니다."

"어허, 그러시군요."

"늦은 시각까지 일하더라도 여기서 맡은 것을 빨리 끝내려고요. 그래야만 다른 곳에서 일을 맡을 수 있으니까요."

유상근 학장은 목수의 말에 고개를 끄덕였다.

그 후 학장은 가끔, 밤늦게까지 일하는 목수에게 만두를 사다 주거나 손수 라면을 끓여 주었다. 어느새 서로 친근하게 마음의 대화를 나누는 사이가 되었다.

어느 날, 명지 대학에서 일을 모두 마무리한 목수는 연장을 챙겨 떠나려고 했다. 그런데 누군가 목공실 문을 잠가 놓아서 연장을 꺼낼 수 없었다. 목수는 행정실로 찾아가 목공실 문을 열어달라고 부탁했다. 하지만 직원들은 학장의 지시로 잠가 놓았다며 미안하지만 열어줄 수 없다고 했다.

목수가 다음날 학장을 찾아갔더니 두 손을 내밀며 놓아 주지 않았다.

"그냥 여기 있으세요."

"아닙니다. 다른 곳에 약속해 놓은 일거리가 있어 더 이상 머물 수가 없습니다."

학장은 고민에 빠졌다. 목수가 마음에 들어 계속 머무르게 하고 싶었지만 곧 겨울이 다가오는 터라 특별히 맡길 일거리가 없었다. 목수를 떠나 보내면 여러 가지 사정이 생겨서 다시 명지 대학으로 돌아오기 어려울 것 같았다. 학장은 목수를 앉혀 놓고 제안했다.

"일이 없는 겨울 동안에도 월급을 드릴 테니 여기서 봄까지 기다리면 어떨까요? 행정실장 월급의 1.5배를 드리죠. 봄이 되면 우리 명지 대학에 일거리가 생길 겁니다."

"아, 네. 저를 이렇게까지 생각해 주시니 정말 고맙습니다."

"그럼 목공실로 매일 출근하세요."

그리하여 목수는 명지 대학에 계속 머무르게 되었다. 하지만 일도 하지 않으면서 겨울 동안 월급을 꼬박꼬박 받는다는 것이 마음에 걸렸다. 목수는 고쳐야 할 책·걸상 등이 보이면 정성껏 고쳐 나갔다. 더 나아가 학교를 이곳저곳 돌아다니며 수리할 것을 빠짐없이 조사하고는 겨울 동안 하루하루 일할 계획을 세웠다. 목수는 수리에 필요한 목재며 철재 등을 구입해달라고 품의서를 올렸고, 학교에서는 그때마다 재료를 사다 주었다.

이윽고 3월이 되었는데 아주 특별한 일이 벌어졌다. 학장이 목수를 정식 직원으로 고용한다고 했다. 목수의 성실함을 보고 결정한 파격적인 채용이었다.

그 후 목수는 학교에서 시설관리 일을 전담하면서 학장의 특별 배려로 야간 고등학교와 야간 대학을 다녔다. 열심히 노력한 끝에 꿈에도 그리던 건축기사 자격증을 따고 명지 대학 건물신축 현장 소장직까지 맡았다.

매일같이 성실하게 땀 흘려 일했고 그러다 뜻하지 않은 도움과 배려를 듬뿍 받아 꿈을 이룬 이 목수는 바로 올해 84세 되시는 오현덕 씨―저자 오정택의 아버지―다. 아버지는 젊을 때부터 뚜렷한 인생 목표와 계획이 있으셨다. 특히 노후를 자식들에게 의탁하지 않고 자립하여 당당하게 사시겠다고 하셨다.

"하늘은 스스로 돕는 자를 돕는다."

아버지는 가끔씩 자식들에게 이 말씀을 하신다. 꿈을 위해 열심히 노력하면 길이 열린다는 뜻이다.

"장기적으로 이루고 싶은 큰 꿈이 있다면 지금 당장 자신에게 주어진 일에 최선을 다해야 한다. 그러면 주위에서 도와주는 사람이 생기고 그 결과 더 나은 꿈을 이루게 된단다."

"네."

아버지가 말씀하실 때면 내 마음이 숙연해진다. 우리 청소년들도 이 말을 기억하면 좋겠다. 이렇듯 멘토는 멀지 않은 곳에서도 얼마든지 찾을 수 있다. 멘토를 구하기 어렵다고 지레 짐작으로 포기부터 하지 말고 눈과 귀를 열고 찾아보기 바란다. 어딘가에서 좋은 스승이 되어 줄 멘토가 기다리고 있을 것이다.

PART 03

꿈을 이루어 주는 공식
R=VD

꿈을 이루는 마법의 공식
R=VD

꿈을 시각화하면 현실이 된다

"당신의 꿈을 시각화하라!"

"생생하게 꿈꾸고 글로 적으면 현실이 된다."

고대부터 내려온 이 말을 증명이나 하듯이 예전에 기록한 소설 내용이 나중에 현실로 이루어진 사건이 있다. 일이십 년이 지난 미래에, 그것도 등골이 오싹하리 만큼 비슷하게! 많은 사례가 있지만 그중에서 몇 가지만 대표로 소개한다.

극작가 아서 로우는 1885년에 조난당한 캐롤라인 호의 유일한 생존자 로버트 골딩 이야기를 《캐롤라인 호》라는 작품으로 썼다. 그런데 놀라운 일이 벌어졌다. 얼마 후 실제로 캐롤라인이라는 이름을 지닌 배가 조난당한 것이다. 생존자는 단 한 명뿐이었는데 그의 이름은 로버트 골딩이었다. 누군가 사건을 조작한 것이 아닌가 하는 생각도 들겠지만 꾸며낸 일이 아닌 실제 사건이다.

생생하게 꿈꾸고 글로 적으면 현실이 된다는 것을 보여 주는 또 다른 작품이 있다. 작가 모건 로버트슨이 1898년에 발표한 소설 《타이탄 호의 침몰 혹은 부질없음》이다. 이 소설은 인류 최고 기술로 만든 거대한 배 타이탄 호가 빙산에 충돌해서 침몰한다는 내용을 담고 있다. 그런데 그로부터 14년 후인 1912년, 당시 인류 최고 기술로 만들어졌다는 타이타닉 호가 북대서양에서 빙산을 만나 침몰하는 사건이 벌어졌다. 이 이야기는 레오나르도 디카프리오가 주연한 영화 〈타이타닉〉으로 만들어지기도 했다. 그런데 놀랍게도 소설 속 타이탄 호와 현실 속 타이타닉 호가 침몰한 달, 승객과 승무원 수, 구명 보트의 수, 선박 전체 길이와 배수량, 빙산 충돌 당시 속력 등이 완전히 일치했다. 우연이 일치라고 하기에는 너무나 섬뜩할 만큼 모든 것이 소설과 같았다.

독일 작가 레온하르트 프랑크가 1927년에 쓴 《가수들》이라는 작품도 R=VD 공식이 이루어진다는 것을 잘 입증해 준다. 그는 작품 속에 '한나'라는 여인을 등장시켰는데 어릴 적부터 꿈꾸어 온 이상형이었다. 당연히 한나의 외모와 성격을 살아 있는 인물처럼 생생하게 묘사했다. 그로부터 21년 뒤인 1948년, 그는 자신보다 무려 28세나 어린 한 여인과 결혼했다. 그 여인의 이름은 한나였고, 소설 속 한나와 똑같은 외모와 성격이었다고 한다.

위 작품들에는 다음과 같은 공통점이 있다. 그 하나는 의식적이든 무의식적이든 현실 세계와 상상 세계를 구분하지 못하는 상태에서 작가가 미래의 어떤 사건을 생생하게 그린 다음 글로 적었다는 것이다. 그리고 그것이 실제 현실에서 그대로 이루어졌다는 사실이다.

만일, 만일에 말이다. 나도 위의 작가들처럼 미래에 일어날 어떤 일을 생생하게 꿈꾸고 글로 적는다면, 여러 방식으로 시각화한다면, 나에게도 비슷한 일이 일어날까? 내가 간절하게 소망하는 일이 실제로 이루어질까? 이 문제에 대해 좀 더 깊이 있게 다뤄 보자.

성공을 부르는 꿈의 공식 R=VD

우리가 사는 곳은 치열한 경쟁 사회다. 수시로 경쟁이 치러지고 그때마다 소수의 성공한 사람과 다수의 실패한 사람이 나누어진다.

그렇다면 성공자와 실패자를 가르는 결정적인 요인은 무엇일까? 우리는 흔히 그 요인을 '노력'이라 말한다. 열심히 노력하는 사람을 당해낼 수 없다는 말도 있다. 물론 노력이 상당히 비중 있는 요인이기는 하다. 하지만 과연 노력이 성공할 수 있는 결정적인 요인일까 의문을 가져 봤으면 한다.

여러 참고서를 쌓아 놓고 공부를 넘치도록 많이 해도 실제 성적은 별로인 학생이 있는 반면 교과서만 가지고 혹은, 가끔씩 남의 참고서를 빌려 느긋하게 공부하면서도 높은 성적을 올리는 학생도 있다. 평생 허리가 휘도록 일하고도 어렵게 사는 사람이 있는가 하면 놀 것 다 놀면서도 부자로 사는 사람도 있다. 인기 가수가 되겠다고 열심히 노래 불러도 좌절만 하는 사람이 있는가 하면 그저 제멋만 부리는 것 같은데 유명한 가수로 알려진 사람도 있다.

노력이 성공의 제1요인이라는 것은 이론적으로도 말이 되지 않는다. 만일 노력이 제일 중요하다면 남들보다 공부하는 시간이 세 배나 더 많은 학생은 성적이 남들보다 세 배 높아야 한다. 그러나 이런 엉터리 계산을 믿는 학생은 아무도 없을 것이다. 공부라는 건 그나마 단순하기 이를 데 없는 주제다. 성적표라는 게 있으니까.

"제 꿈은 디자이너예요."

"저는 장차 선생님이 될 거예요."

"아무래도 저는 원양어선을 타고 전 세계를 돌아다녀야……."

이러한 직업 진로 문제는 더욱더 노력만으로 해결할 수 없다.

다른 여러 요인이 복합적으로 작용하는 까닭이다. 내가 그 복합적 요인에 맞지 않는다면 설령 원하는 직업을 얻는다 해도 그리 오래 견디지 못할 것이 분명하다. 그렇다면 노력 이전에 해야 할 일은 과연 무엇일까?

먼저 '무의식적 사고의 힘'과 '시각화의 힘'에 대해 알아보자.

영국에서 태어나 미국으로 건너간 알렉산더 그레이엄 벨은 독일의 저명한 물리학자인 라이스가 15년 전에 발명한 전화기를 살펴보며 고민에 빠졌다. 벨이 새로 발명한 전화기는 모든 것이 이미 라이스가 발명해 놓은 것과 같았다. 게다가 휘파람 소리만 전달할 뿐 사람의 목소리는 전송하지 못하는 점까지 같았다.

고민에 빠진 벨은 마침내 실패 원인을 찾아냈다. 전극을 제어하는 작은 나사 하나가 1,000분의 1인치쯤 빗나가 있었다. 벨은 나사를 제대로 맞춰 보았다. 그러자 사람의 목소리가 맑고 또렷하게 전달되었다.

쉽게 말해, 벨과 라이스는 전화기를 만들려는 목적으로 엇비슷한 노력을 기울였지만 서로 반대되는 결과를 얻었다. 벨은 성공했고, 라이스는 실패했다.

벨은 커다란 의문에 사로잡혔다. 상식적으로 생각할 때 실수를 해야 할 사람은 자신이었다. 저명한 물리학자로 온갖 노력을 다한 라이스가 아니라 농아학교 선생님 출신인 자신이어야 했다.

'왜 라이스는 실패하고 나는 성공한 걸까?'

이런 의문이 든 벨은 자신과 라이스를 구분 짓는 결정적인 차이점을 찾으려 애썼다. 그것은 바로 '무의식적 사고의 힘'이었다. 벨과 달리 라이스는 무의식적 사고의 힘을 믿지도 않았고 사용하지도 않았다. 그저 과학적 사실에만 의존했다.

미국인 기업가 에스테 로더는 20세기에 가장 성공한 여성 중 한 명으로 꼽힌다. 물론 그녀는 지금도 가장 성공한 여성 중 한 명으로서 벨이 말한 '무의식적 사고의 힘'을 '시각화의 힘'이라는 말로 좀 다르게 표현했다.

젊은 시절 에스테 로더는 어느 부자 동네 미용실에 들렀다가 한 아줌마에게 모욕을 당했다.

"어머나, 블라우스 좀 봐. 정말 예쁘고 우아해요! 도대체 이걸 어디서 사신 거예요?"

호들갑스럽게 묻는 에스테 로더에게 돌아온 것은 무시와 핀잔뿐이었다.

"자네가 알아서 뭐 하게? 어차피 자네 같은 가난뱅이는 평생 손도 대지 못할 텐데."

"……."

에스테 로더는 대꾸도 못한 채 울면서 미용실을 뛰쳐나왔다.

하지만 자존심만큼은 대단해서 집으로 돌아오는 내내 이런 맹세를 했다.

'앞으로는 죽어도, 죽어도, 누구도 나한테 가난하다는 말을 못하게 할 거야. 난 원하는 것은 무엇이든 가질 수 있는 사람이 될 거야.'

그러나 성공하고야 말겠다는 맹세를 한다고 하여 실제로 모두 다 성공하는 것은 아니다. 또 단순히 열심히 노력한다고 해서 성공하는 것도 아니다. 성공을 위해서는 특별한 내면의 힘이 필요하다. 가만히 있어도 성공이 저절로 나에게 굴러 들어오게 하는 강력한 에너지 말이다. 사람들은 흔히 이것을 '운' 이니 '재수' 니 한다. 에스테 로더 역시 이런 현상에 대해 잘 알았다.

그녀는 성공한 사람들에 대해 아주 철저히 연구해서 성공을 불러들이는 내면의 힘을 기어이 자기 것으로 만들었다. 그 결과는 놀라울 정도다. 부잣집 아줌마에게 모욕을 당하던 처지에서 세계적인 화장품 회사 에스테 로더사의 주인이 된 것이다.

에스테 로더는 자서전에서, 성공을 끌어들이는 에너지를 내 것으로 만드는 방법에 대해 이렇게 밝혔다.

"꿈을 시각화하라. 만약에 내가 마음의 눈으로 이미 성공한 회사, 이미 성사된 거래, 이미 달성된 이윤 등을 볼 수 있다면 실제로 그런 일이 일어날 가능성이 높아진다. 이미 성공한 모습을 마음속으로 생생하게 그리는 습관은 목표를 달성하는 가장 강력한 방법이다. 나는 대형 백화점에 입점하기 전부터 에스테 로더사의 제품이 그곳에서 엄청나게 팔려 나가는 모습을 생생하게 꿈꾸었다. 한두 번이 아니다. 백화점에 입점하기까지 수천 번이나 그렇게 했다. 그러면 내 마음속 그림이 진짜 현실이 되곤 했다."

에스테 로더처럼 성공을 시각화하면 그 이미지는 반드시 현실이 된다. 이 놀라운 원리는 위대한 성공을 거둔 사람이라면 모두 실천하고 있다. 사업계, 투자계, 운동계를 비롯한 각계각층의 정상에 올라 있는 사람들 대부분이 그렇다.

자, 정리해 보자. 알렉산더 그레이엄 벨이 '무의식적 사고의 힘'이라 칭했고, 에스테 로더가 '시각화의 힘'이라고 부른 그 힘을 이 책에서는 R=VD 공식으로 정리했다. 이것을 풀이하면 다음과 같다.

R=VD
생생하게^{Vivid} 꿈꾸면^{Dream} 이루어진다.^{Realization}

R=VD
공식의 시작

R=VD 공식은 처음에 유럽에서 시작해서 미국으로, 그리고 한국으로 건너왔다. 유럽에서 R=VD 공식을 거의 완벽에 가까울 정도로 구사한 사람이 있었으니 바로 나폴레옹이다.

나폴레옹은 프랑스의 식민지인 코르시카 섬에서 태어났다. 키가 작고 못생긴 아이였던 그는 수학은 이해도가 뛰어났지만 다른 과목 성적은 그리 우수하지 못했다. 말이 별로 없고 늘 외톨이로 지내던 그는 바닷가에 앉아 상상하는 것을 즐겼다. 더 나아가 상상 속에서 행복을 맛보며 꿈을 꿨다. 성인이 되어서는 상상 속에서 식민 종주국 프랑스를 자신의 것으로 만들고 더 나아가 유럽 전역을 소유했다. 나폴레옹은 자신이 원하는 것을 상상한 대로 이루어내는 능력이 있었다.

그럼 나폴레옹은 R=VD 공식을 어떻게 알게 되었을까? 놀랍게도 어린 시절에 몇 가지 경험을 한 후 스스로 터득했다.

초등학교 시절 음악이나 체육 실기 시험을 앞두고 그 시험을 성공적으로 치르는 자신의 모습을 생생하게 그려 본 경험이 누구나 한 번쯤은 있을 것이다. 교육학자들 말에 의하면, 이때 잠재력이 발휘되어 평소보다 몇 배 뛰어난 실력이 나온다고 한다. 단지 마음으로 생생하게 꿈꾸는 것만으로 자신의 능력을 몇 배나 높일 수 있다니 솔깃한 이야기가 아닐 수 없다.

그런데 이것은 음악이나 체육 실기 시험에서만 통하는 것일까? 물론 아니다. 인생의 거의 모든 부분에 적용된다. 이해력과 집중력이 나날이 높아지는 자신의 모습을 매일 수시로 생생하게 그리면 온몸의 세포들이 그 간절한 마음에 반응하여 차츰 역량을 발휘한다. 이런 훈련을 많이 하면 정말 예상 목표치에 도달하기까지 한다.

"예뻐져라, 얍! 예뻐져라, 얍!"

그러면 예뻐진다.

"오늘 나에게 행운이 생길 거야. 분명 그런 일이 생긴다!"

이렇게 바라면 행운이 생긴다.

나폴레옹은 군인이 되어서도 늘 생생하게 꿈꾸는 사람이었다. 그런 그가 명언을 남겼다.

"성공하기 위해서는 먼저 성공을 상상해야 한다."

그는 전쟁이 임박해지면 집무실에 틀어박혀 예상 프로그램을 짜고 전쟁 상황을 하나하나 상상했다. 나폴레옹을 연구하는 권위자 중 한 사람인 막스 갈로의 표현에 의하면, 나폴레옹은 전쟁을 '명상' 했다. 집무실에서 명상을 하며 모의 전쟁을 치렀다. 먹지도, 자지도 않은 채 며칠씩 계속되는 명상 전쟁은 나폴레옹의 군대가 적을 상대로 완벽에 가까운 승리를 거두고 나서야 비로소 종료되었다. 그것은 마치 어릴 때 학예회 준비와 같은 것이었다. 학예회 프로그램을 짜고 앞으로 무슨 일이 어떤 순서로 벌어질까 상상하고 수정하고 다시 상상하면서 학예회를 미리 다 체험하는 방식 말이다.

"나는 언제나 노동하고 있다. 그리고 늘 생각한다. 내가 항상 어떠한 일에 당면했을 때 당황하지 않고 즉시 그것을 처리하는 것은 미리 여러 가지 상황에 대해 생각해 두었기 때문이다. 다른 사람이 예상조차 할 수 없는 돌발 사태에 처했을 때 내가 즉시 문제를 해결해 버리는 건 내가 천재기 때문이 아니라, 평상시에 한 명상과 반성의 결과다. 식사할 때나 혹은 극장에서 오페라를 구경할 때도 나는 늘 머릿속에서 움직이고 있다."

이것은 바로 R=VD 공식으로 자기 인생을 개척했다는 것을 뜻한다. 나폴레옹은 결국 R=VD 공식으로 세계사에 길이 남는 위대한 영웅으로 우뚝 섰다.

그런데 안타깝게도 많은 사람은 나이를 먹으면서 꿈꾸는 법을 잊어버린다. 10대 시절에는 좋은 대학에 가지 못할까 봐 두려워하고, 대학생이 되어서는 취직 문제로 힘들어 하며, 사회에 나와서는 일과 인간관계로 생기는 스트레스 속에 쌓여 지낸다. 마음을 다해서 미래를 생생하게 꿈꾸는 시간은 아예 없거나 설령 있더라도 '그렇게 될 수만 있다면 얼마나 좋겠어'라며 소극적으로 생각한다.

이러니 인생이 풀릴 리 없다. 내 마음이 미래를 향해 활짝 열려 있어야 창조적인 생각이 나오고 삶이 획기적으로 바뀔 수 있다. 그런데 마음 자체가 꽉 막혀 있으니 안 되는 생각, 안 되는 행동만 나오고 좌절과 실패를 겪으면서 '인생은 원래 이런 거야' 하며 체념한다.

되새겨 보면, 위인들은 한결 같이 나폴레옹 같은 믿음을 지녔다. 위인들의 공통점은 마치 어린아이들이 그러하듯이 불가능해 보이는 꿈을 꾸고, 그 꿈이 반드시 이루어질 거라고 온 마음을 다해 믿었다는 사실이다. 노예 해방을 외친 링컨, 인도의 독립을 부르짖은 간디, 나라를 지켜야 한다고 호령한 이순신 등이 그러했다. 그리고 요즘 텔레비전을 누비는 인기 가수와 스포츠 스타들이 그러했다.

그들이 꿈을 이루기 위해서 사용한 R=VD 공식은 우리가 어린 시절에 본능적으로 알게 된 아주 단순한 이치다. 그것은 '사랑'이나 '감사'처럼 신이 인류에게 주신 고귀한 선물이다. 태초부터 지금까지 아주 큰 꿈을 이룬 모든 사람이 공통적으로 사용한 꿈의 공식이다.

자, 다시 처음으로 돌아가자. R=VD 공식을 가장 쉽고도 올바르게 터득하려면 어린 시절에 품었던 순수한 믿음을 되새기면 된다. 옹달샘처럼 맑디맑은 어린 시절 마음으로 돌아가 앞날을 상상하며 멋진 꿈을 꾸라. 그리고 그 꿈을 믿어 보라. 삶의 모든 면을 긍정하고 세상이라는 무대에 주인공이 된 자기 모습을 상상하라. 매일 수시로 진정어린 마음으로 그렇게 해 보라. 그러면 행복과 기쁨과 감사와 성공이 기적처럼 찾아들 것이다.

현대물리학이 입증하는
R=VD 공식

R=VD 공식은 어떤 학자가 개발한 게 아니다. 어떤 초능력자나 점쟁이가 '수리수리 마수리' 하다가 우리 앞에 턱 내놓은 것도 아니다. 우리 인간 사회에, 이 우주에 본래부터 존재하던 것이다. 나는 이 공식을 우리 청소년들에게 설명하고 전해 줄 뿐이다.

R=VD 공식은 분명 어린 시절 우리도 별생각 없이 매일같이 수시로 사용했다. 역사에 나오는 위인들과 꿈을 이룬 사람들이 늘 사용해온 것이기도 하다.

그런데 현실은 어떤가?

"아버지, 사람의 성공은 돈이나 학벌이나 능력 같은 게 아니라 생생하게 꿈꾸는 일에 달려 있대요."

혹시나 이렇게 말을 꺼내면 어떤 반응이 나올까?

"뭐? 가서 공부나 해! 어디서 말도 안 되는 소리만 듣고 생각하는 것이라곤. 책이 저렇게 많은데 무슨 소리야! 밤낮없이 공부해도 모자랄 때에……."

"네에."

우리 청소년들은 공부하라는 어른들의 말씀에는 무조건 진다. 학생 때 공부해야 하는 것은 당연한 일이다.

그렇지만 놓치지 말아야 할 것은 '사람은 꿈꾸는 대로 된다' 라는 R=VD 공식이 양자론과 상대성이론이라는 현대물리학의 양대 산맥으로부터 확증받은 지극히 과학적인 원칙이라는 점이다.

양자물리학자들은 우리가 사는 세상이 원자보다 훨씬 작은 '양자' 라는 미립자로 가득 차 있음을 발견했다. 그리고 이 양자들은 언제라도 기회가 생기면 물질로 전환할 준비를 하고 있음을 밝혀냈다. 더 중요한 것이 있다. 이 양자들은 어떤 비물질적인 힘, 즉 에너지에 반응한다는 사실이다.

"양자들은 지구와 우주 세계의 모든 장소를 가득 메우고 있는데 마치 구름처럼 퍼져 있다고 이해하시면 됩니다. 허공을 약 십 초만 쳐다보세요. 눈으로 보면 아무런 변화가 없을 것입니다. 그러나 과학자들이 사용하는 전자현미경으로 바라본다면 매우 놀라운 현상과 마주칠 것입니다. 허공에 구름처럼 퍼진 양자들이 움직이는 모습이 보일 것입니다. 양자들은 생각 에너지에 반응을

합니다. 내가 나뭇잎을 바라본다면 양자들은 내 시선이 머무는 그 지점으로 미친 듯이 몰려듭니다. 또 생각 에너지를 따라 미친 듯이 이동해 갑니다."

이렇게 양자들이 사람의 생각 에너지에 반응하면서 파동에서 물질로 변하는 것은 양자물리학이 발견한 진실이다. 물론 4차원 세계를 다루는 양자물리학을 3차원 세계인 현실에 그대로 적용하는 것은 온전하지 않을 수 있다. 하지만 이 논리가 타당성이 있는 이유는 4차원 안에 3차원이 포함되며, 인간의 육체를 비롯한 모든 물질을 자꾸 쪼개면 양자들만 남기 때문이다. R=VD 공식은 현재 어떤 목표를 정하고 생생하게 꿈꾸면 우리 몸을 이루고 있는 양자들과 주변 환경을 채우고 있는 양자들이 생각 에너지를 따라 미래로 이동해 간다는 이론과 같다.

상대성 이론 역시 같은 내용을 말한다.

"에너지는 곧 물질이고, 물질은 곧 에너지다."

상대성 이론에 따르면, 과거에 우리가 꿈꾸던 것이 현실이 되고 지금 우리가 꿈꾸는 내용대로 미래가 전개된다. R=VD 공식과 맥을 같이 하는 셈이다.

양자론과 상대론 이론으로 설명해도 R=VD 공식이 잘 믿어지지 않는 것은 어쩌면 당연하다. 믿음이 가지 않는 공식에 일부러 고개를 끄덕일 필요는 없다. 하지만 생각 에너지에 엄청나게 반응하면서 몰려들고 흩어지는 양자 알갱이들을 전자현미경으로 본다면, 꿈꾸는 대로 에너지가 어떤 물질(혹은 상황)로 변하는 것을 느낀다면 R=VD 공식을 실천하고 싶은 마음이 들 것이다. 아니, 굳이 그렇게 하지 않아도 이 공식이 얼마나 신빙성이 있는지를 증명해 줄 근거는 얼마든지 있다. 앞으로 이 책을 읽는 동안 하나씩 확인하게 될 것이다. 더욱 강력하게 이 공식을 받아들이고 싶다면, 더욱 구체적이고 다양한 사례가 궁금하다면《꿈꾸는 다락방》을 읽어 보기 바란다.《꿈꾸는 다락방》1~3권은 R=VD 공식에 대한 믿음을 확실히 심어 줄 것이다.

우리 뇌도
생각하는 대로 꿈꾼다

세망신경계를 조절하는 R=VD

우리 뇌 깊숙한 곳에는 '세망신경계'라는 게 있다. 영어로는
Reticular Activating System이라 하고 약자로 RAS라고 한다.

RAS는 주의력과 집중력을 관장하는 신경전달물질을 분비하
여 뇌로 하여금 학습, 자기통제, 동기부여 등을 하게 한다. 또한
1초에 약 1억 개씩 밀려드는 신경 펄스를 초고속으로 분류하여
중요한 것은 저장하고 하찮은 것은 삭제한다. 즉 뇌로 하여금 정
보가 혼란되거나 과잉되는 것을 막고 중요한 정보에 초점을 맞
추도록 한다.

RAS를 변화시키기 위해서는 먼저 상상과 실제를 구분하지 못
하는 뇌의 특성부터 이해해야 한다.

"여러분, 방금 자른 귤 한 조각을 입에 넣었다고 상상해 봐요. 어떤 현상이 생기나요?"

"입에 침이 고여요."

"그럼 그것을 힘껏 깨문다고 상상해 봐요."

"침이 더 고여요."

분명 정상인이라면 입 속에 침이 고일 것이다. 왜 이런 현상이 일어날까? 뇌가 상상과 현실을 구분하는 능력이 없는 까닭이다. 귤이 입안에 들어가기는커녕 눈앞에도 없는데 뇌가 실제로 신맛을 느끼고는 어서 그곳으로 침을 내보내라고 지시를 내렸기 때문이다.

뇌가 상상과 현실을 구분하는 능력이 없다는 것을 확연하게 보여 주는 예는 바로 최면이다. 가령 어떤 사람을 최면에 빠지게 한 다음 고드름을 몸에 갖다 대면서 이렇게 말한다고 가정해 보자.

"이것은 뻘겋게 달아오른 쇠꼬챙이입니다."

어떤 일이 벌어질까? 고드름을 접촉한 피부에 물집이 잡힌다. 뇌가 최면 상태의 상상을 현실이라 인식하고 화상으로부터 피부를 보호하려고 물집을 만들라는 지시를 내렸기 때문이다.

뇌의 이러한 특성을 활용해서 매일 30분씩 성공한 모습을 상상하면 무슨 일이 벌어질까? 뇌는 실제로 성공했다고 믿게 된다. 그 결과 RAS로 하여금 '성공'과 관련된 정보를 가장 중요한 것으로 취급해서 뇌로 올려 보내도록 지시한다. 반면 '실패'와 관련된 정보는 들어오는 즉시 삭제해 버리라고 명령한다. 이로 보건대 R=VD 공식을 지속적으로 실천하면 성공한 사람의 사고방식과 행동력을 저절로 갖추게 된다.

하버드 대학교에서 발표한 연구 결과도 VD가 세망신경계를 얼마나 효과적으로 활성화하는지 잘 보여 준다. 연구진은 지적 수준이 동일한 학생들로 이루어진 두 개 그룹에 다음과 같은 과제를 냈다.

> A 그룹: 과제를 성공적으로 수행한 자신의 모습을 생생하게 그린 다음 과제를 하세요.
> B 그룹: 그냥 빨리 과제를 하세요.

결과는 어떠 했을까? A 그룹은 과제를 수행하는 능력이 100퍼센트로 정확했지만, B 그룹은 55퍼센트로 정확도가 많이 떨어졌다. 이렇듯 생생하게 상상할수록 꿈도 정확하게 이루어진다.

현재 이루고 싶은 꿈은 무엇인가? 혹시 우리나라에서 가장 유명한 음대를 졸업한 후 유명한 성악가가 되어 미국 카네기홀에서 공연하는 것인가? 그렇다면 지금부터 매일 시간을 내어 그 모든 과정을 생생하게 꿈꿔라. 그러면 RAS가 뇌로 하여금 명문 음대 졸업과 유명한 성악가가 되는 것과 카네기홀 공연에 초점을 맞춘다. RAS가 활성화되기 전에는 그냥 막연하게만 생각하던 일을 현실로 이루어지게 한다. 즉 그 과정에서 유명 성악가가 될 수 있는 인내와 실력이 갖추어지게 한다.

미래 기억을 현실로 만드는 R=VD

조지워싱턴 대학교 의대 신경과 교수이자 〈내셔널지오그래픽〉 자문위원인 리처드 레스텍 박사는 두뇌 속 전두엽에 미래의 기억을 담당하는 부위가 있다고 했다. 그는 두뇌에 관한 책을 12권이나 낸 이 분야 전문가다.

"과거가 아니라 미래를 기억한다니요?"

당연히 이런 반문이 들 것이다. 그러나 그 답은 아인슈타인이나 스티븐 호킹 같은 물리학자가 말한 '시간은 꼭 미래로만 흐르는 게 아니라 얼마든지 과거로도 흐를 수 있다'는 것에서 찾을 수 있다.

현대 과학은 현재 우리가 사용하고 있는 두뇌의 능력은 전체의 10퍼센트도 되지 않는다고 한다. 나머지 90퍼센트는 무의식이라는 이름을 붙여놓고 아직 의문 상태로 남겨두고 있다. 두뇌의 능력을 다 파악하기에는 그 세계가 무궁무진한가 보다.

뇌 의학계와 물리학계가 발견한 사실에 의하면, 무의식은 자신의 미래를 안다. 뿐만 아니라 그 미래를 기억으로 전환하여 전두엽에 저장해둔다. 이때 미래 기억으로써 이미 성공한 자신의 모습을 보면 성공을 바라는 열망이 생긴다. 바꾸어 말하면 미래 기억의 어느 시점에서 반드시 성공해 있는 사람만이 지금 성공을 바라는 꿈을 갖는다.

미래 기억이 현실이 되려면 미래 기억을 담당하는 부위가 활성화되어야 한다. 이 부위가 활성화되면 다음과 같은 일이 생긴다.

- 두뇌가 미래 기억을 진정한 현실로 받아들인다.
- 두뇌가 미래 기억과 실제 현실 사이의 간격을 인식한다.
- 두뇌가 미래 기억과 실제 현실 사이의 간격을 수정이 필요한 오류로 인식한다.
- 두뇌가 오류를 수정하기 위해 무의식의 힘을 사용하기 시작한다.
- 두뇌의 주인에게 미래 기억을 현실로 만들 수 있는 능력이 생겨나기 시작한다. 불굴의 의지력, 차원이 다른 지혜 같은 내적인 능력 말이다.
- 미래 기억과 실제 현실 사이의 간격이 점점 메워진다.
- 미래 기억이 실제 현실이 된다.

미래 기억을 담당하는 부위를 활성화하는 방법은 무엇이 있을까? 그것은 오직 하나 R=VD 공식을 실천하는 것이다. 이는 리처드 레스텍 박사, 다니엘 G. 에이멘 박사, 하루야마 시게오 박사 같은 세계적인 뇌 의학자들이 공통적으로 말하는 의견이다.

우리 머릿속에는 자신이 되고픈 모습이 들어 있다. 만일 우리가 그 모습을 생생하게 매일 꿈꾼다면 두뇌 속에는 무슨 일이 벌어질까? 전두엽의 미래 기억을 담당하는 부위가 강력하게 활성화되면서 꿈에 관한 신호를 무의식의 세계로 자극적으로 쏘아댄다. '지금 내가 보내는 신호 안에 네 주인의 진정한 모습이 들어 있으니 어서 빨리 그걸 이루라'고 말이다. 그러면 무의식은 기지개를 켜고 활동하기 시작한다. 이 과정이 매일 반복되면 무슨 일이 일어날까? 자신도 모르는 사이에 꿈을 현실로 만들 수 있는 능력이 생긴다.

하지만 아무런 꿈도 꾸지 않을 때는 무슨 일이 일어날까? 미래 기억을 담당하는 부위가 정지 상태가 되고, 이 역시 신호로 전환되어 무의식의 세계로 보내진다. '네 주인은 특별히 바라는 게 없으니 그냥 잠들어 있으라'고 말이다. 이 과정이 매일 반복되면 그냥 아주 평범한 삶을 살게 된다.

청소년 여러분은 무의식에게 어떤 신호를 보내고 있는가?

긍정적 VD와
부정적 VD의 결과

1853년에 네덜란드에서 목사의 아들로 태어나 프랑스에서 〈별이 빛나는 밤〉, 〈아를르 포룸 광장의 카페 테라스〉 등을 그린 화가가 있다. 그 이름은 반 고흐. 그로부터 30년 후에 스페인에서 미술교사의 아들로 태어나 프랑스에서 〈아비뇽의 처녀들〉, 〈게르니카〉 등을 그린 화가는 피카소다.

반 고흐와 피카소. 그들은 비슷한 재능을 가진 화가였다. 하지만 두 화가의 인생은 극단적으로 상반되게 펼쳐졌다. 반 고흐는 실패의 표본 같은 삶을 산 반면에 피카소는 성공의 표본 같은 삶을 살았다.

반 고흐는 평생 돈과 인연이 없는 사람이었다. 그는 이십 대에도 빈민이었고 삼십 대에도 빈민이었으며 죽을 때도 빈민이었다.

화가로서 명성 역시 우울하기 짝이 없었다. 그의 그림은 마치 무슨 저주라도 걸린 것처럼 사람들의 이목을 끌지 못했다. 그는 철저히 무명으로 살다가 죽었다.

하지만 피카소는 삼십 대 초반에 이미 백만장자가 되었다. 그의 성공은 나이가 들수록 가속화됐다. 그는 천만장자에서 나아가 억만장자가 되었다. 화가로서 명성 역시 마찬가지였다. 처음에는 잘 알려지지 않았지만 10년이 흐른 후에는 미술계 스타가 되고 세계적인 화가가 되었다.

어떤 면에서 보면, 반 고흐는 피카소보다 더 재능이 뛰어난 화가라 할 수 있다. 피카소가 미술교사인 아버지의 빈틈없는 교육과 후원 아래 네 살부터 그림을 그린 반면에 반 고흐는 스물일곱 살이 되서야 그림을 그리기 시작했기 때문이다. 게다가 반 고흐에게는 스승을 비롯한 이렇다 할 멘토도 없었지만 평생을 화가로 살다가 죽었다.

이런 위대한 반 고흐가 어찌하여 피카소보다 훨씬 못한, 아주 비참하다 싶은 삶을 살게 되었을까? 쉽게 말해, 피카소는 긍정적인 VD를 했던 반면에 반 고흐는 부정적인 VD를 했기 때문이다.

피카소에게도 한때 반 고흐 못지않은 무명시절이 있었다. 그는 그림도 팔리지 않았고, 인정받지 못하는 화가였다. 반 고흐처럼 그 역시 도시 빈민가에 살았다. 그런데 무명의 세월 동안 피카소가 마음속으로 생생하게 그린 그림은 부와 명예를 한손에 거머쥔 자신의 모습이었다. 세계적인 화가가 된 자신의 모습 말이다. 피카소는 마음속으로 그림을 그리는 것만으로는 모자랐던지 입만 열면 이렇게 말하곤 했다.

"나는 그림으로 억만장자가 될 것이다!"

"나는 미술사에 한 획을 긋는 화가가 될 것이다!"

"나는 갑부로 살다가 갑부로 죽을 것이다!"

반면에 30년 선배인 반 고흐는 세상에서 쓸쓸하게 사라지는 자신의 모습을 그렸다. 가난과 병에 고통받으며 살다가 비참하게 죽는 그런 그림을 그렸다. 피카소처럼 반 고흐 역시 예언적인 말을 하곤 했다.

"나는 이렇게 평생 비참하게 살다가 죽을 것 같아."

"나는 돈과 인연이 없어."

"불행은 나를 절대 떠날 것 같지 않아."

이런 말들은 그가 동생 테오에게 보낸 구구절절한 편지에서도 발견되곤 한다.

생각해 보라. 비슷한 재능을 지녔던 두 사람의 인생은 두 사람의 마음속 그림을 따라서, VD에 따라서 그대로 전개되었다. 한편, 반 고흐의 손을 거쳐 탄생한 위대한 그림 작품들은 그가 비참하게 죽고 난 후 실패 VD의 영향을 더 이상 받지 않게 되자 비로

소 세상에 뛰어난 가치를 알리게 되었다.

"네 적성에 맞는 분야를 찾은 다음 열심히 노력하라. 그러면 성공한다."

이 얼마나 합리적이고 과학적인 말인가. 이런 말은 얼마든지 목에 힘을 주고 할 수 있다. 하지만 다음과 같은 말은 막상 하려다가도 주저하게 된다. 선뜻 입 밖으로 나오지 않는다.

"매일 정신 수양을 하듯이 네 미래를 생생하게 그려 봐. 그럼 성공해."

생각해 보라. 성공이라는 말 자체가 얼마나 비현실적인가. 그럼에도 빈민가에 사는 청년이 세계 최고 재벌이 되고, 영화판에서 쫓겨나는 것이 일이었던 젊은이가 아카데미상을 수상하는 영화감독이 되고, 호텔 벨 보이가 250개의 호텔을 소유한 사람이 되는 일이 실제로 일어났다. 그것도 세계적으로 아주 많이.

사람들은 이런 성공 스토리를 쉽게 수긍하지 않는다. 그 과정 전체를 비현실적인 것으로 본다. 솔직히 말하면 자신은 그렇게 하지 못하기 때문이 아닐까? 이런 사람들은 대개 자기가 지닌 고정관념과 경험으로만 세상일을 이해하는 태도로 거부한다.

나는 생각한다. 말도 되지 않는 비현실적인 성과를 거두려면 말이 되는 현실적인 방법으로는 곤란하다고. 호텔왕이라 불리는 콘래드 힐튼이 한 말처럼, 재능과 노력만으로는 안 된다는 이야기다.

　자기가 원하는 대학 원하는 학과에 들어간 학생들 중에는 의식적으로든, 무의식적으로든 R=VD 공식을 실천한 이들이 많다. 물론 R=VD 공식을 실천하지 않은 학생도 다수 있을 것이다. 하지만 생생하게 꿈꾸면 이루어지는 R=VD 공식을 실천한 학생들이 훨씬 더 많을 것이다.

　반면에 열심히 공부해도 번번이 실망스러운 결과가 나오는 학생도 있다. 원하는 것마다 별다르게 이루어지는 게 없다 보니 얼굴빛이 어두워지고 날이 갈수록 부정적인 VD만 일삼는 학생 말이다. 걱정이다. 반 고흐가 했던 부정적인 VD와 비슷한 길로 가지 않을지.

재능보다 중요한 것은
꿈꾸는 능력이다

졸업식 날이 되면 나는 숙연해지곤 한다. 이 학생 저 학생과 쉴 새 없이 손을 잡고 웃으며 줄곧 격려어린 말을 해도 마음 한구석이 무겁다. 졸업식장에서 애국가를 부르고 교가를 부를 땐 정말 눈물이 나서 못 견딜 정도가 되곤 한다. 일 년을 함께 보낸 학생들과 작별을 하는 날이라서 그런 것이 아니다. 그 자리에서 졸업의 기쁨을 함께할 수 없는 학생들이 생각나서다. 삼십 명이 정원이면 보통 다섯 명 정도가 졸업식장에 나타나지 않곤 한다.

그들이 마음에 걸리는 것은 공부를 못해서도 아니고, 선생님의 은혜를 몰라서도 아니다. 그들에게 미력하나마 꿈을 심어 주려고 노력했는데 그러지 못한 것 같아서다. 왜 졸업식장에도 나오지 않았나 생각하면 가슴이 더욱 아파온다.

R=VD

(생생하게 꿈꾸면 이루어진다.)

나는 이 공식을 학생들이 쉽게 깨닫고 실천할 수 있도록 하기 위해 양손을 둥글게 말아 망원경처럼 해 보라고 했다. 그리고 자기가 꿈꾸는 바를 망원경으로 보는 것처럼 상상하라고 했다.

"자, 자기가 가고 싶은 대학의 학과 교실을 손망원경으로 바라보세요. 교실이 보이나요? 강의하시는 교수님이며 공부하는 대학생들이 보이나요? 바로 거기입니다. 영화의 한 장면처럼 정말 멋지고도 생생하게 보이나요?"

"네!"

"바로 거기로 성큼성큼 걸어가야 합니다. 걸어가고 있나요?"

"네!"

대답하는 학생들 사이로 장정우 학생은 아예 손망원경도 하지 않은 채 턱을 괴고서 천정 구석이나 바라보고 있었다.

"정우야, 너 뭐 보고 있어? 손망원경으로 네 꿈을 바라보라고 했잖니?"

"에이, 애들도 아니고……. 유치하게."

"그래서?"

"저기 천정 구석에 거미가 집을 짓고 있네요."

"네 꿈은 곤충학자냐? 곤충학자가 되려면 공부 잘해야 할 텐데……."

장정우. 그가 문제다. 나는 우리 반 학생들에게 세 명씩 '절친 관계'를 맺어 주었다. 서로 고민을 들어 주고 격려하며 어려움이 생기면 함께 해결해 보라는 뜻에서였다. 두 명씩 할까 하다가 균형감 있는 인간관계를 배우고 조화로운 상황을 형성해 보라고 세 명씩으로 정했다.

그중 장정우 팀을 살펴보면 이렇다.

우선 장정우. 그의 아버지는 약사고 어머니는 시의원이다. 정우는 넉넉한 가정 형편에 지능도 뛰어나고 인물도 잘났고 교우관계도 원만하다. 단점이라면 나태하다는 것이다. 악착같이 매달리는 게 없다. 심지어 시험 점수가 형편없게 나와도 다른 학생들 사이에는 '잘난 녀석이 잠시 머리를 식히는가 보구나!' 하는 분위기가 형성된다. 이런 문제에 대하여 심리학자에게 문의한다면 무슨 말을 할까?

"여러 면에서 잘났다는 게 치명적인 약점이자 독소가 되고 있습니다."

아무래도 이런 말을 들을 것 같다.

그와 절친인 한 학생은 가정 형편이 어렵다. 또 다른 학생은 다리를 조금 절룩거리는데 일상생활에는 지장이 없는 정도다.

장정우와 달리 그 두 학생은 나에게서 R=VD 공식에 관한 강의를 잘 듣고 열심히 실천했다.

"지금 꿈꾸는 바를 꼭 이루겠다는 열정이 있어야 해!"

"네. 알겠습니다."

"그리고 그 꿈이 꼭 이루어질 거라는 긍정적인 마음이 아주 중요해."

"네. 알겠습니다."

그 두 학생은 손망원경으로 열심히 목표물을 바라보았다. 마치 도사들이 정신 수련을 하듯 진지하고도 엄숙하게 목표물을 바라보고는 교과서와 참고서를 번갈아 뒤적이며 공부했다.

한 학생이 바라본 곳은 모 대학교 의과대학 교실이고 다른 학생이 바라본 곳은 모 대학교 컴퓨터공학과 교실이었는데 그들은 생생하게 꿈꾸고 도전한 자신들의 꿈을 이루었다. 졸업식 날 그 두 학생은 누구보다 행복했다.

"너는 가정 형편이 어렵다는 것에 감사해라. 너에게 꿈을 이루게 해 주었으니까."

"네."

"너는 다리를 조금 절룩거리는 콤플렉스가 있는데 그게 너한테 상당한 에너지와 도전 정신을 심어 준 모양이다."

"네. 사실 그런 것 같습니다."

문제는 장정우였다. 꿈을 이룬 두 친구를 보며 한껏 주눅이 들었는지 졸업식장에도 오지 않았다. 그래서 나는 두 절친에게 어서 정우를 찾아가 보라고 했다.

저녁 늦게야 응답이 왔다.

"정우는 자꾸 괜찮다고 그러더라고요."

"공부를 더 이상 안 하게 되어 좋다고 하네요."

이렇듯 꿈은 그 어떤 조건보다, 재능보다 중요하다. 아무리 좋은 조건과 재능이 있어도 어떤 꿈도 꾸지 않았던 학생은 낙오자가 되어 쓴 잔을 마셨고, 그저 평범하다 못해, 아니 불리한 조건을 지녔지만 꿈이 있던 학생은 성공을 향해 한 걸음 더 나아가게 되었다. 꿈이란 자동차의 엔진처럼 행복과 성공을 앞당겨 주는 것이 아닐까?

상상력이
현실을 만든다

애니메이션의 대표 브랜드인 '월트 디즈니'는 애니메이션과 관련 업계를 주도하는 회사 이름이기도 하고 연출가, 제작자, 그리고 스토리와 캐릭터까지 구상한 회사 창업주의 이름이기도 하다. 그는 세계적으로 널리 알려진 캐릭터 '미키 마우스'를 탄생시켰고, 애니메이션이라는 새로운 문화 장르를 개척했으며, 꿈의 나라로 불리는 '디즈니랜드'를 건설했다. 그 덕분에 가장 20세기적인 인물로 꼽히고 있다.

아울러 밝힐 게 있다. 전 세계 청소년들 사이에 가장 멘토로 삼고 싶은 사람 몇 손가락 안에 그가 늘 든다는 점이다.

청소년들의 영원한 멘토 월트 디즈니는 성공 욕구가 아주 강한 사람이었다. 아홉 살 때부터 새벽 세 시에 일어나 신문 배달을 했고 십 대 후반에는 학교를 다니면서 아르바이트를 두 가지나 했다. 그는 이 모든 것을 스스로 원해서 했다. 이유는 한 가지다. 빨리 돈을 벌어 만화영화사를 차리고 싶어서였다.

하지만 디즈니는 성공하려면 무엇보다 먼저 성공 VD를 해야 한다는 사실을 알지 못했다. 평범한 사람들이 그렇듯 월트 디즈니 역시 열심히 노력했다. 많은 돈을 모았고, '래프-오-그램 만화영화사'를 설립하여 희망의 돛도 올렸다. 그렇게 위풍당당하게 출항했지만 그의 꿈나라는 겨우 일 년도 못 되어 무너지고 말았다.

월트 디즈니는 졸지에 무일푼 실업자가 되었다. 믿었던 거래처로부터 사기를 당한 게 원인이었다. 성공 VD를 열심히 했던 다른 사람들과는 달리 아주 질 나쁜 거래처를 만났다.

사람들은 실패 VD 능력을 마치 본능처럼 가지고 있다. 기쁨보다는 슬픔을 먼저 알고 인생이 원래 그런 줄 안다. 핵 전쟁으로 파괴된 지구의 모습은 영화나 책 등으로 생생하게 표현하지만 모두가 평화롭게 사는 지상낙원으로서 지구의 모습은 표현하지 않는다. 설령 누가 지상낙원을 그린다 해도 예술 작품이 아니라느니 억지 교육용이라느니 하며 비판을 가한다. 그리고 슬픔과 통한을 느끼는 분위기에 오래도록 젖는다. 그게 우리 사람의 습성이 되어 버렸다.

개인적으로도 마찬가지다. 합격과 성공을 손에 쥔 자신의 모습은 잘 그리지 못하면서 좌절과 실패로 거리를 떠돌며 '인생이 어쩌니저쩌니' 하는 모습은 생생하게 그리곤 한다.

실패 VD 능력은 평상시에는 잠들어 있다가 실제로 실패를 겪으면 꿈틀거리며 깨어나 몸과 영혼 모두를 지배한다. 한 번 실패한 사람이 계속 실패하게 되는 주된 이유는 그 사람이 못나거나 때를 잘못 만나서가 아니다. 실패 VD로 더 큰 실패들을 지속적으로 불러들이기 때문이다.

당시 월트 디즈니 역시 이 굴레를 벗어나지 못했다. 한 번 실패하자 자신감을 잃고 줄곧 부정적인 VD를 해나갔다. 그러자 생생하게 꿈꾸던 그 부정적인 것들이 눈앞의 현실이 되어버렸다.

월트 디즈니의 실패 VD가 불러들인 실패들은 사실 우리나라

월트 디즈니의 실패 VD	어느 학생의 실패 VD
뉴스 영화를 찍은 작은 영화사에 들어가 카메라맨이 되었지만 이내 해고당했다.	기말고사에서 지난번보다 평균 10점을 올리겠다고 작정했지만 오히려 7점이 떨어졌다.
방값을 내지 못해 셋방에서 쫓겨났다.	엄마에게 과외비를 받았는데 재수 없게도 그 돈을 잃어버렸다.
밥 사 먹을 돈이 없어 사람들이 먹다 버린 빵을 주워 먹었다.	어서 공부를 해야 하는데 개에게 손을 물리는 바람에 일주일 넘게 공부에 집중하지 못하고 있다.

어느 학생이 겪은 일과 별로 다를 바 없다.

하지만 다행스럽게도 월트 디즈니는 약 2년 후에 할리우드에 갈 용기를 냈다. 그리고 실제 할리우드에 입성했다. 아니, 거지같은 옷차림으로 할리우드에 도착했다.

월트 디즈니는 관찰을 잘하기로 유명한 사람이다. 다람쥐에 관한 기록영화인 〈페리〉를 찍을 때는 20여 명의 촬영팀과 유타주 북부 원시림으로 가서 3년간 다람쥐만 관찰했을 정도다. 디즈니는 그 뛰어난 관찰력으로 할리우드에서 성공한 감독, 배우, 제작자들을 관찰했다. 그들은 하나 같이 성공 VD를 하고 있었다. 전문가에게 돈을 지불하면서까지 VD하는 법을 배우고 있는 사실도 발견했다.

"아하, 바로 이거야!"

이후 월트 디즈니의 인생은 다음과 같이 R=VD 공식으로 가득 채워졌다. 다음 표에 제시하는 한 학생의 성공 VD도 그와 비슷한 점이 많다.

월트 디즈니의 성공 VD	어느 학생의 성공 VD
생애 최초로 성공 VD를 하면서 만든 만화영화 〈이상한 나라의 앨리스〉 1~6편은 만들자마자 날개 돋힌 듯 팔려나갔다. 7편에 이르러서는 인기가 떨어졌다는 이유로 제작 중지를 요청받았지만 디즈니 자신이 성공 VD를 하고 있기 때문에 반드시 성공할 것이라고 밀어붙여서 12편까지 제작했다. 그러자 인기가 다시 오르기 시작했고 디즈니는 '흥행 감독'이 되었다.	처음으로 성공 VD를 하면서 월말고사에서 평균 5점이 올랐다. 영어가 쉽게 출제된 것 같았는데 친구들은 어려웠다고 했다. 지금껏 모르던 수학 문제 푸는 요령을 이해하게 되었고 문제가 술술 풀릴 때마다 기분이 아주 좋아졌다. 그래서 싱글벙글 수학 문제를 푼다.
더욱 깊어진 성공 VD를 하면서 만든 영화 〈오스왈드〉 시리즈는 역대 최고 히트를 기록했다.	월말고사를 치를 때마다 마치 계단을 오르듯 성적이 오른다. 선생님이 나만 보면 엄지손가락을 추켜세우신다.
〈미키 마우스〉를 제작할 때 직원들이 디즈니를 배반하고 다른 회사로 옮겨가는가 하면 투자자들이 흥행을 의심하여 투자금을 거둬들였지만, 이 영화는 디즈니의 성공 VD대로 사상 초유의 흥행에 성공했다.	친구들이 더 좋은 참고서가 나왔다며 호들갑을 떨었지만 나는 사지 않았다. 엄마가 학원비로 쓰라고 주신 돈을 돌려 드렸다. 월말고사를 치렀는데 전교 7등을 하는 기적을 이루어냈다.
〈미키 마우스〉를 만들 때부터 디즈니는 아카데미상 수상을 생생하게 꿈꾸었는데 4년 후에 현실이 되었다.	내 꿈을 기술자에서 변호사로 바꾸었다. 매일 변호사로 활동하는 모습을 생생하게 그린다. 그 꿈이 현실이 될 것 같다.
애너하임에 디즈니랜드를 세울 때에는 320곳의 은행과 투자회사로부터 '실현 가능성이 없다'는 이유로 투자를 거절당했다. 디즈니는 그럴수록 더욱 생생하게 디즈니랜드를 꿈꾸었고, 결과는 우리가 아는 대로다.	내가 모 대학 법과대학을 목표로 공부한다고 하자 예전부터 알고 지내던 사람들이 코웃음을 쳤다. 하지만 나는 그곳에 수석으로 입학하기 위해 공부하고 있고 자신감도 충분하다.
미국 플로리다의 애프콧센터와 일본 디즈니랜드, 프랑스 디즈니랜드 역시 디즈니가 온 힘을 다해 VD했던 것이다. 이 건물들은 디즈니가 죽고 나서 몇 년 뒤에 건설되었다.	원하는 대학에 입학했다. 장차 열심히 일할 변호사 사무실 자리도 점찍어 놓았다. 해외에 지점을 둘 생각으로 틈틈이 세계지도를 살펴보곤 한다.

성공 VD 없이 열심히 일하기만 해도 사실 성공할 수 있다. 하지만 그 다음이 문제다. 전혀 예기치 않은 좌절과 실패를 겪을 때 오래 버틸 수 없다. 그래도 늦게나마 성공 VD를 시작하면 기적 같은 성공을 불러들일 수 있다. 지금이라도 '월트 디즈니 영화사'가 걸어간 화려한 길을 거울로 삼고 성공 VD를 시작해야 한다. 노력도 중요한 덕목이긴 하지만 그 노력이 헛되지 않게 하려면 말이다.

앤드류 카네기의
소망 VD

앤드류 카네기는 영국에서 수직공의 아들로 태어났다. 열네 살 무렵인 1848년에 가족을 따라 미국으로 이주한 후 방적공, 기관 조수, 전보배달원, 전신기사 등의 여러 직업에 종사하다가 1853년에 펜실베이니아 철도회사에 취직했다. 서른 살 무렵까지 그 회사에 근무하면서 침대차회사에 투자하여 큰 이익을 얻었고 철도기재제조회사, 운송회사, 석유회사 등에도 투자하여 거액의 이윤을 얻었다. 미국의 산업 자본가로 성장한 그는 카네기철강회사를 설립했고 교육과 문화 사업에 헌신했다.

그는 사람의 일생을 2기로 나누고 전기에는 재산을 축적하고, 후기에는 재산을 사회복지에 투자해야 한다는 신념을 갖고 있었다. 그리고 이 신념을 정확하게 실천한 위대한 인물로 평가받고 있다.

그는 재산을 모으는 과정에서 '소망 VD'를 실천한 사람으로 유명하다. 다만 표현을 좀 달리했다. '소망 달성을 위한 여섯 가지 원칙'이라고. 하지만 내용을 읽어 보면 R=VD 공식을 실천하는 방법과 매우 비슷하다.

- 원하는 돈의 액수를 명확하게 정한다.
- 그 돈을 얻기 위해 무엇을 할 것인가 결정한다.
- 그 돈이 내 손에 들어오는 날짜를 분명하게 정한다.
- 그 돈을 벌기 위해 상세한 계획을 세우고 즉시 행동에 들어간다.
- 위의 네 가지 원칙을 종이에 적는다.
- 종이에 적은 것을 매일 두 번, 아침에 일어났을 때와 밤에 잠들기 전에 큰 소리로 읽는다.

앤드류 카네기는 원하는 금액의 돈을, 원하는 날짜에 이미 얻은 자신의 모습을 생생하게 그리는 것을 가장 중요하게 여겼다. 그리고 원칙으로 정한 그대로 열심히 생생하게 실천했다.

우리 학생들이 이것을 따라해 보면 어떨까? 앤드류 카네기가 '원하는 돈'을 목표로 했으니 학생들은 '원하는 성적'을 목표로 열심히 소망 VD를 하는 거다.

- 이번 시험에서 원하는 성적을 명확하게 정한다.
- 그 성적을 얻기 위해 내가 무엇을 어떻게 할 것인가 결정한다.
- 그 성적이 내 손에 들어오는 날짜와 주변 분위기를 생생하게 그린다.
- 그 성적을 얻기 위해 상세한 계획을 세우고 즉시 행동에 들어간다.
- 위의 네 가지 원칙을 종이에 적는다.
- 종이에 적은 것을 매일 두 번, 아침에 일어났을 때와 밤에 잠들기 전에 큰 소리로 읽는다.

이렇게 '소망 달성을 위한 여섯 가지 원칙'을 정하는 데 맨 마지막 부분이 좀 걸린다. 아침에 일어났을 때와 밤에 잠들기 전에 그것을 큰 소리로 읽으면 아무리 가족이라도 이상한 눈으로 쳐다볼 것 같다. 그래도 배짱으로 하라. 소망을 집안 구석구석에 각인시키고 내 가슴에도 아주 확실히 심어 놓고 그 소망 속에 살면, 그렇게 생생하게 꿈꾸면 앤드류 카네기처럼 달성할 수 있다.

"에이, 그렇게 하여 성적을 쑥쑥 올릴 수 있다면 누구나 다 공부도 잘하고 원하는 대학에 들어가겠네요."

이렇게 비아냥거리는 학생도 있을 것이다.

"그냥 죽어라고 공부해도 잘 올라가지 않는 게 성적인데……."

이렇게 고정관념에 사로잡혀 거부하는 학생도 있을 것 같다.

하지만 이 사실을 기억하라. 카네기가 가난에 허덕이는 이들이 부자가 되기를 바라는 마음으로 세상에 공개한 이 원칙을 비웃던 사람들은 그저 그런 인생을 살았지만, 신뢰한 20여 명은 모두 억만장자가 되었다는 것을. 주로 카네기의 친인척이었던 그들 20여 명은 카네기가 말한 원칙을 진지하게 받아들일 수밖에 없었다. 카네기가 이 원칙을 하루도 빼놓지 않고 실천해서 세계 최고 부자가 되는 과정을 바로 옆에서 지켜보았으니 말이다.

수재들의 VD는
다르다

　네이버 지식iN에 보니 이런 질문이 올라왔다.

　'저는 수능까지 일 년 3개월 정도 남은 고2 학생인데요. 지금까진 몰랐는데 갑자기 공부를 해야겠다는 생각이 듭니다. 그런데 방학 동안에 다 놀아 버렸습니다. 앞으로 노력은 하겠지만 공부 방법을 너무 몰라요. 다른 아이들은 30분이면 푸는 문제를 저는 두 시간 동안 풉니다. 나름대로 열심히 노력하고 있지만 진도가 너무 느려서 걱정이에요.'

　이렇게 하소연하며 공부 잘하는 방법을 묻자 어떤 사람이 일본의 후쿠이 가즈시게 박사 이야기를 답변으로 달아 놓았다.

　후쿠이 가즈시게 박사는 자신이 발명한 두뇌혁신 프로그램으로 평범한 사람의 학습 능력을 수재 수준으로 향상시킨다고 주장

했다. 동경대 의대 부속병원에 근무할 때부터 두뇌와 학습 능력에 관해 남다른 관심을 갖고 연구해왔으며, 이 분야 저서를 많이 집필했다. 그런데 그가 처방하는 학습 능력 향상 비법은 의외로 간단했다. 이게 전부다.

"공부와 시험에 대해 긍정적인 VD를 하라. 그러면 학습 능력이 기적적으로 향상된다."

인생은 시험의 연속이다. 초등학교 때부터 시작되는 시험은 취직할 때까지 계속된다. 물론 취직한 후에는 또 다른 형태의 시험이 시작된다. 어쩌면 우리는 죽는 날까지 시험을 치러야 하는 존재인지 모른다. 우리 자신이 직접 치러야 하는 시험은 언젠가 끝나더라도 간접적으로 치러야 하는 시험이 자녀를 키우면서 또 생겨나기 때문이다.

대부분 학생은 시험 때문에 스트레스를 받는다. 시험 날짜가 다가오는 것을 두려워하고 시험이 어서 끝나기를 바란다.

그런데 이 지구상에는 시험 스트레스를 전혀 받지 않는 사람들도 있다.

"선생님, 그들은 학교에 안 다니나요?"

"다녀."

"시험이 아예 없는 학교에 다니나 봐요"

"아니. 시험이 계속 있는 학교에 다녀."

이상스럽게도 그들은 시험을 즐긴다. 시험을 자신의 능력을 확인하여 다른 사람들에게 인정받는 기회로 삼는다. 심지어 자신의 콤플렉스를 훌훌 털어버리는 아주 멋진 행사로 여긴다. 전국 석차 상위 1퍼센트에 속하는 학생들과 각 대학 수석 졸업생들 그리고 입사 시험에서 수석을 차지한 직장인들이 바로 그들이다.

한때 나는 책을 쓰기 위해 이런 사람들 1,500여 명의 자료를 조사해 보았다. 그중 1,000여 명은 학생이고, 500여 명은 직장인이다. 그런데 수능 및 고시 합격 수기, 인터뷰, 책 등에서 발견한 그들 1,500여 명이 지닌 공통된 학습 비결은 '공부를 즐긴다' 는 것이었다. 좀 더 구체적으로 알아보자.

- 재미없는 공부를 즐겁게 하기 위해 많은 노력을 기울인다.
- 그러면 진짜로 공부가 즐거워진다.
- 성적이 수직으로 상승한다.

이 비결을 나는 책과 강연, 그리고 신문과 방송 등으로 세상에 널리 알렸다. 그러던 어느 날 이런 의문을 품게 되었다.

'도대체 그들은 어떻게 하길래 공부를 즐기는 노력을 지속하는 걸까?'

답을 얻기 위해 나는 그들에 관한 자료를 뒤지고 또 뒤졌다. 기어이 답을 얻어냈는데 그들은 다른 사람들과는 아주 다른 VD를 실천했다.

예를 들어 보자. 학업 성적은 중간에서 약간 위에 있고, 얼굴은 탤런트 누구의 동생 같고, 운동에는 별 관심이 없고, 친한 친구가 너무 많아 탈인 최민주 학생의 심리 상태는 이렇다.

"저는요, 늘 공부가 싫고 시험이 두려워요. 공부만 생각하면 답답해 하는 부모님 얼굴이 떠오르고요, 선생님의 짜증스런 얼굴도 생각나요. 지금 수학 공부를 하고 있지만 방정식 이후로 전혀 진도가 나가지 않아요. 힘들어요. 어쩜 좋아요!"

생각해 보라. 최민주 학생이 갖고 있는 공부 또는 시험 VD는 부정적인 것 일색이다. 그런 습성은 10년 아니, 평생 가슴에 남을지 모른다.

하지만 앞에서 언급한 1,500여 명의 VD는 달랐다. 그들은 '공부'나 '시험'이라는 말을 들으면 금방 부모님을 비롯한 주변 사람들이 환하게 웃는 모습을 생각했다. 사랑과 신뢰로 자신을 쳐다보는 눈빛들을 떠올렸다. 그리고 손에 잡기만 하면 진도가 척척 나가는 책들, 가슴을 설레게 하는 성적표, 그로 얻는 희망이며 포부 등을 상상했다.

"선생님, 그 사람들은 본래부터 학습 능력이 뛰어나니까 그런 VD를 하는 거 아닌가요?"

"그렇지 않아. 1,500여 명 중에서 본래부터 학습 능력이 남달랐던 사람들은 1,100여 명이었고, 나머지 400여 명은 보통 수준 이하였어."

"아!"

다시 말해, 1,100여 명은 긍정적인 VD가 무엇인지도 모르는 채로 공부를 즐기는 법을 자연스럽게 터득했을 것이고, 나머지 400여 명은 의도적으로 긍정적인 VD를 하여 공부를 좋아하게 됐다. 그러니 최민주 학생을 비롯해 평범하다 싶은 학생들에게도 분명 희망이 있다. 긍정적인 VD로써 원하던 성적을 기분 좋게 올릴 수 있다.

VD는 호르몬을 조절한다

학교 다니는 게 즐겁다는 학생이 있다. 이름은 배영지. 사실 영지는 학교 다니는 것보다 더 즐거운 게 있다. 그것은 바로 시험이다. 솔직히 말하면, 공부를 하고 시험을 치르고 성적이 발표되는 그 모든 과정에서 남모를 행복감을 느낀다.

영지는 시험을 치를 때마다 자신의 존재감을 확인한다. 탤런트처럼 예쁘다고 알려진 수연이의 코를 납작하게 하고, 축농증 콤플렉스를 한 번에 싹 잊으며, 심지어 엄마 아빠에게 과감히 '나 이런 딸이에요!' 하며 자랑하곤 한다.

영지는 시험이 계속 없는 학기 초나 방학 때가 되면 하루하루가 따분하고 '이렇게 살다가 내가 바보가 되는 거 아닌가' 하는 생각이 든다고 했다.

"영지 너 이번 시험에 반에서 5등 안에 들 수 있겠니?"

"가능성은 있어요. 하지만 천천히 올라가야 재미있죠."

"그래그래."

영지는 시험 날이 가까워올수록 영특한 학생으로 변한다. 누구보다도 예뻐 보인다. 시험 날이 가까워올수록 영지의 두뇌에는 무슨 일이 벌어지는 것일까?

우리가 긍정적인 생각을 할 때마다 두뇌에서 베타엔도르핀이 분비되는데, 이 호르몬은 해마를 자극하여 기억력을 높이고, 전두엽을 자극하여 학습 의욕을 촉진한다. 수재나 천재 소리를 듣는 이들은 베타엔도르핀이 왕성하게 분비되는 사람들이라고 생각하면 된다. 실제로 노벨상 수상자들이나 세계적인 석학들이 연구에 몰두할 때 베타엔도르핀이 무수히 쏟아진다고 한다. 베타엔도르핀은 '천재의 호르몬'이라 불리고 있다.

부정적인 생각을 할 때마다 뇌에서 분비하는 호르몬도 있다. 노르아드레날린이다. 이 호르몬은 베타엔도르핀과 반대되는 작용을 하면서 베타엔도르핀이 분비되는 것을 막는다. 노르아드레날린이 많이 분비되면 학습 의욕이 없어지고, 공부가 즐겁지 않고, 수업을 들어도 잘 이해하지 못하고, 시험에 자신이 없어진다. 노르아드레날린은 코브라의 맹독에 버금가는 독성물질로서 알코올 중독자나 마약 중독자의 뇌에서 주로 발견된다고 한다.

한편, 뇌 과학자들과 두뇌생리학자들은 사람의 두뇌 속에 포토그래픽 메모리가 있다는 사실을 발견했다. 포토그래픽 메모리란 한 번 본 것을 디지털카메라로 찍듯이 두뇌에 저장하고 필요에 따라 불러내는 능력을 말한다.

그런데 왜 천재들만 이런 능력을 사용할 수 있는 것일까? 뇌 과학자들과 두뇌생리학자들은 이 주제를 치열하게 파고들었다. 그리고 이렇게 말했다.

"천재들과 달리 일반 사람들의 두뇌는 미세한 오작동이 발생하는데 바로 이것이 포토그래픽 메모리 사용을 제한합니다."

누구나 공부를 잘하고 각종 시험에서 우수한 성적을 거두기 원한다. 하지만 실제는 마음과 다를 때가 더 많다. 많은 학생이 공부 때문에 걱정하고 시험을 잘 못 칠까 두려워한다. 지레 겁부터 먹고 엉엉 울거나 스트레스로 얼굴빛이 검게 변하는 학생까지 있다.

그럼 배영지의 두뇌 속을 들여다 보자. 긍정적인 생각을 하는 영지의 두뇌에는 베타엔도르핀이 분비되면서 기억력이 상승하고, 학습 의욕도 커진다.

"선생님, 제 머리 속은요?"

"네가 어떤 생각을 하는지 판단해 봐. 그러면 답이 나올 거야."

곰곰이 생각해 보기 바란다. 공부 때문에 힘이 드는지, 평범한 성적을 받아서 실망하거나 시험을 망친 자신의 모습만이 머릿속에 떠오르는지. 그렇다면 분명 머릿속에 코브라의 맹독성을 지닌 독성물질 노르아드레날린이 분비되고 있다. 다시 말해, 자신의 소망을 파괴하는 VD를 수시로 무의식적으로 반복하고 있다. 그렇게 계속 부정적인 생각을 해서 노르아드레날린이 분비되면 집중력과 기억력이 떨어지고 결국 부정적인 VD는 현실이 된다. 실제로 공부를 못하게 될 뿐더러 시험을 치룰 때마다 망치게 된다.

노르아드레날린은 포토그래픽 메모리에 치명적이다. 수업을 들어도 머릿속에 분명하게 정리되는 것이 없고, 열심히 공부하는데도 중요한 내용을 자주 잊어버리는가? 그렇다면 포토그래픽 메모리 사용에 커다란 제한을 받고 있다는 뜻이다. 부정적인 VD가 이런 결과를 가져와 자신도 알지 못하는 사이에 평범하거나 열등한 학습 능력을 지니게 했는지 모른다.

VD를 반복하면
두뇌가 변한다

각종 시험에서 기적적인 결과를 얻고 싶다면 다른 무엇보다 먼저 긍정적인 시험 VD를 해야 한다. 성적이 중위권이나 하위권이라도 괜찮다. 우수한 성적으로 시험에 거뜬히 합격하는 모습을 자꾸 그리다 보면 그렇게 될 수 있도록 두뇌가 점점 바뀐다.

구체적으로는 두뇌가 베타엔도르핀으로 가득 차게 되고 뇌파가 알파파로 변한다. 알파파는 아인슈타인이 연구에 몰입할 때 나왔고, 올림픽에 출전한 선수들에게서 발견되었으며, 컴퓨터보다 정확한 암산 능력을 자랑하는 사람이 암산할 때 나타난 것으로, 평범한 사람의 두뇌 속에 잠들어 있던 포토그래픽 메모리의 전원을 켜는 뇌파를 말한다.

자, 그럼 틈날 때마다 있는 힘을 다해 다음 그림을 머릿속에 생생하게 그려 보자.

- 수업 시간에 선생님 설명을 듣는 즉시 이해하고 암기하는 모습
- 교과서와 참고서를 한 번 읽는 것만으로도 내용을 완벽하게 기억하는 모습
- 학교에서 보는 시험마다 성적이 수직 상승하여 마침내 전교 1등을 하는 모습
- 시험 성적이 부쩍부쩍 오르는 것을 감격에 찬 눈으로 지켜보면서 박수치시는 부모님과 선생님 모습
- 그런 공부 비결을 배우려고 뒤를 좇아다니는 수많은 후배 모습

온 마음을 다해 매일 생생하게 상상하면 현실이 된다. 과거나 현재 상태가 어떠하든 상관없다. 중요한 것은 매일 생생하게 원하는 바를 머릿속에 그림으로 그리는 것이다. 시험은 다가오는데 공부는 하나도 하지 않았고, 모의고사 성적은 갈수록 곤두박질을 치고, 앞날을 생각하면 그저 막막하기만 하다면 더욱더 좋은 성적을 낸 자신의 모습을 생생하게 그려야 한다. 그리고 그 그림을 현실로 만들기 위해 모든 노력을 다하라.

공부의 신이 되는
VD 공식

우리나라의 대표적인 일간지에 보도된 기사를 소개해 본다. 기사의 주인공은 대입 모의고사에서 전국 2등을 차지한 어느 지방 고등학생이다. 그가 말했다.

"생생하게 꿈꾸면 반드시 이뤄진다고 믿어요."

학생은 교복 주머니에 늘 넣고 다니는 꿈 쪽지를 공개했다.

꿈 쪽지에는 다음과 같은 글이 적혀 있었다.

'내신 1등급을 유지한다. 수능 시험 날 긴장하지 않는다. 후회 없는 하루를 보낸다.'

《꿈꾸는 다락방》을 읽은 독자들이 인터넷 서점에 올린 서평을 보면 R=VD 공식으로 공부 수재가 된 이야기가 많다. 그중에서 두 가지만 나누고자 한다. 한 대학생은 '장학금을 받지 못하고 대학에 입학 했지만 남은 학기는 모두 장학금을 받고 다니자. 그리고 꼭 전체 수석으로 졸업하자'는 VD를 실천하여 4년 내내 장학금을 받고 전체 수석으로 졸업하게 되었다고 했다. 또 어떤 학생은 모의고사 점수가 100점 가까이 올라 전교 1등을 했는데 지금 생각해 보니 그 비결은 VD인 것 같다고 밝혔다. VD에 대해서는 몰랐지만 실제로는 그와 비슷한 정신 수련을 한 게 아닐까 싶다.

VD를 열심히 실천한다고 해서 단번에 꿈이 이루어지는 것은 아니다. 순식간에 공부를 잘하게 되는 것도 아니다. 대부분은 다음과 같은 과정을 거치면서 성과가 나타난다.

- 공부라는 말만 들어도 스트레스를 받던 두뇌가 차츰 공부를 즐기는 쪽으로 바뀌었다.
- 산만하기 이를 데 없고 심지어는 의지박약 증세까지 보이던 두뇌가 강력한 집중력이며 의지력을 발휘하게 되었다.
- 더 나아가 포토그래픽 메모리 능력까지 복구했다.
- 그 결과 시험 준비를 완벽하게 마치고 기적적인 성적 향상으로 이어졌다.

"인간은 누구나 천재로 태어난다"는 말이 있다. 이 주장은 과학적으로 입증되기도 했다. 그러나 천재성을 발휘하는 사람은 극

소수다. 그들은 VD로 두뇌를 자극해서 천재 호르몬을 쏟아내게 한다. 그 덕분에 며칠밤을 새며 공부해도 전혀 지치지 않는다.

"여러분, 혹시 공부 때문에 괴로운가요?"

"네!"

"그럼 즉시 R=VD 공식을 실천하기 바랍니다. 공부에 대해 뜨거운 자신감이 생깁니다."

R=VD 공식을 지속적으로 실천하면 자신감이 생기고 두뇌가 천재적으로 변한다. 이쯤 되면 성적 향상이나 수능 시험 만점 같은 건 별 의미가 없다. 그런 것은 천재로서 자연스럽게 얻게 되니까 말이다.

성공 여부는
간절함과 지속력에 달렸다

배종수 교수의 필사적인 R=VD

찾아보면 극히 어려운 상황에서도 VD를 필사적으로 실천하여 불가능해 보이던 시험에 합격한 사람들이 많다. 그중에서도 우리는 세계적인 수학 교육자로 미국의 초등학교 수학 교과서를 집필한 서울교대 배종수 교수에 대해 알아보자.

배종수 교수는 28세 때 6년간의 직장생활을 접고 때늦은 공부를 시작했다. 교수의 꿈을 이루기 위해서였다. 첫 번째 관문은 수학 검정고시에 합격하여 중등학교 수학 교사 자격증을 따는 것이었다. 그런데 큰 벽이 버티고 있었다. 4년제 대학교 수학과 졸업생들도 풀기 어려운 문제들이 출제된다고 했다. 합격자는 전국에 겨우 한 명 나오는 수준이었다.

잠시 현실을 돌아보니 온통 '불가능'이라는 말밖에 떠오르지 않았다. 그는 문과 출신이어서 미적분을 배운 적도 없고, 시험 준비 기간도 고작 6개월뿐이어서 그 안에 고등학교 과정부터 대학교 과정까지 독학해야 했다.

생각보다 현실은 더욱 냉혹했다. 수학 문제 자체를 이해할 수 없으니 손도 댈 수 없었다. 절망스러운 마음에 수학자들을 욕하다가 책을 붙들고 펑펑 울었다. 청년 배종수는 그렇게 4개월을 보냈다.

하지만 교수가 되는 꿈을 포기할 수 없었다. 의도적으로 긍정적인 시험 VD를 해나가기로 했다. 이미 시험에 합격한 자신의 모습과 교수가 된 자신의 모습을 마음속에 가득 채웠다. 간절하고도 진실하게, 그리고 생생하게 원하는 그림을 머릿속에 그리고 또 그렸다.

배종수 교수는 인터뷰 때 말했다.

"당시 저는 목숨을 걸다시피 VD에 매달렸습니다."

긍정적인 VD를 하던 배종수의 두뇌는 베타엔도르핀과 알파파로 가득 채워졌다. 앞에서도 말했지만 베타엔도르핀과 알파파는 두뇌 속에 잠들어 있는 학습 능력을 깨우고, 포토그래픽 메모리 사용을 제한하는 두뇌 안의 미세한 오작동을 바로잡는다.

놀랍게도 배종수의 머리는 긍정적인 시험 VD를 시작한 지 한

달 만에 천재의 두뇌로 변했다. 그는 남은 한 달 동안 초인적인 능력을 발휘하며 시험 준비를 완벽하게 마치고 꿈에 그리던 중등교사 자격증을 손에 쥐었다.

《생명을 살리는 수학》에 기록된 배종수 교수의 말을 들어보자.

"나는 무너져 내리는 가슴을 다잡기 위해 애써 밝고 긍정적인 모습을 그려 보았다. 그것은 바로 오랜 세월 후에 있을, 정년을 앞둔 나 배종수 교수의 모습이었다. 낙엽이 뒹구는 캠퍼스, 백발이 성성한 노교수 배종수, 내 강의를 열중해서 듣는 학생들……. 그런 성공 VD가 헛되지 않았는지 시험을 한 달여 앞둔 시점에서 서서히 희망이 보였다. 시험 20일 전에는 나 자신마저 놀랄 정도로 급속한 진전을 보였다. 눈에 보이는 문제들이 곧바로 이해되었다. 감고 있던 눈을 뜬 것처럼 수학이 선명하게 들어왔다. 그해 12월, 나는 합격 통지서를 받았다."

지금도 배종수 교수는 28세 때 목숨을 걸고 했던 VD를 실천하며 살아가고 있다. 교수라는 직업 저 너머에 있는 또 다른 꿈을 꾸면서.

남상해 회장의 지속적인 R=VD

실기 시험을 준비하는 청소년들은 하림각 남상해 회장의 성공

VD 이야기에 귀 기울이기 바란다. 국제관광공사에서 요리사 지망생을 뽑는다는 소식을 들었을 때 청년 남상해는 중국집 배달부였다. 남상해가 지원하는 중식 부문은 다섯 명만 선발하는데 응모자가 무려 300명이 넘었다. 그것도 대부분은 중국 요리를 제대로 배운 쟁쟁한 사람들이었다.

남상해는 막막했다. 정식으로 요리를 배운 적이 없는데다가 시험 날짜는 얼마 남지 않았고 배달을 계속 해야 했다. 근근이 생계를 이어가기도 바빴다. 당연히 요리를 배울 시간도 없고 여건도 되지 않았다. 상식적으로 생각하면 시험을 포기해야 했다.

하지만 청년 남상해는 꿈을 포기하지 않았다. R=VD 공식을 실천하여 기필코 꿈을 이루고자 했다. 일단 마음속에 주방을 차려 놓고 요리 실습을 VD하기 시작했다. 얼마나 생생하게 꿈을 꿨는지 상상의 요리 속에 들어가는 조미료 알갱이 숫자까지 정확하게 맞출 정도였다. 더불어 자신이 요리 시험을 완벽하게 마친 모습, 자신의 요리에 감탄하는 시험관들의 모습, 다섯 명 안에 들어서 당당히 합격한 모습 등을 생생하게 그렸다. 드디어 운명의 합격자 발표 날, 요리 실습 한 번 제대로 못하고 VD만 했던 남상해는 295명의 쟁쟁한 실력자들을 물리치고 당당히 선발됐다.

그는 국제관광공사 연수생이 된 후에도 VD를 지속하여 1등으로 졸업하는 영예를 안았다. 또한 연수생활 일 년 만에 워커힐 호텔 조리부장으로 발령 났다. 아예 VD를 하지 않거나 남상해만큼 간절하게 VD를 하지 않은 동료 네 명은 남상해에게 감독을 받는 조리과장과 주방장이 되었다.

하림각 남상해 회장은 현실적인 여건을 핑계로 스스로 꿈을 포기하고 사는 사람들을 위해 이렇게 말했다.

"해도 해도 안 되거나 도저히 상황이 개선될 여지가 보이지 않을 때 느끼는 좌절을 나도 안다. 피할 곳이나 숨을 데라고는 없을 때 느끼는 절망감도 안다. 그렇게 느껴질수록 현실에 맞서 싸워라. 희망을 품어라. 희망은 절망적인 현실을 견뎌낼 수 있는 힘과 용기를 준다. 중국집 배달부 시절 나는 아침마다 상상의 기와집을 지었다. 그 기와집 안에서는 내가 배달 일을 하던 중국집보다 더 큰 음식점 사장이 되어 있었다. 위기는 기회다. 벼랑 끝에 선 자가 가장 강한 법이다."

나는 이렇게 R=VD 공식을 실천하여 꿈을 이룬 사례들을 얼마든지 더 제시할 수 있다.

그런데 R=VD 공식을 대하는 독자들은 대체로 세 가지 부류로 나누어진다. 말도 안 된다며 책을 집어던지는 사람, 잘 실천하여 꿈을 이룬 사람, 실천하긴 하는데 꿈을 이루지 못한 사람이다.

R=VD 공식이 허황된 주장이라고 생각하는 사람이야 그 나름

의 세계관이 있을 테니 그대로 존중한다. R=VD 공식을 실천하여 꿈을 이룬 사람들에게는 더 큰 꿈을 꾸라고 말해 주고 싶다.

문제는 R=VD 공식을 실천하고도 별다른 성과를 얻지 못한 사람들이다. 이런 사람들에게는 묻고 싶다. 얼마나 간절하게 R=VD 공식을 믿었으며, 얼마나 오랫동안 지속했느냐고. 거기에 얼마나 노력을 더했느냐고.

예를 들어 장차 우리나라 최고의 노트북 제조업체를 만들고 싶다고 하자. 좀 벅찬 꿈인 것 같아 보이지만 가능성은 열려 있다. 길도 이곳저곳으로 뻗어 있다. 그러니 지금이라도 당장 '우리나라에서 제일 큰 노트북 제조업체를 소유한 주인이 되겠다' 며 간절하게 꿈꾸라. 그리고 그 꿈을 이룰 수 있는 여러 가지 능력을 갖추는 것 역시 간절하게 꿈꾸라. 또 한 가지를 더해야 한다. 그 여러 능력을 얻기 위해 열심히 노력하는 것이다. R=VD가 꿈의 공식이기는 하지만, 금 나오라고 하면 금이 나오고 은 나오라고 하면 은이 나오는 도깨비 방망이는 아니다. 생생하게 꿈꾸되 반드시 노력을 수반해야 한다.

나 역시 R=VD 공식을 처음 알았을 때 너무 쉬워서 하찮게 보이기까지 했다. 하지만 막상 실천해 보면 알게 될 것이다. 지속하는 인내와 부지런함이 필요하므로 생각보다 실천이 어렵다는 것을. 포기하지 않는다면 꿈은 분명하게 이루어진다.

꿈과
망상의 차이

"선생님, R=VD가 뭔가요?"

또 묻는다. 다시 설명해야 한다.

"R=VD란 Realization=Vivid Dream이야. 즉 생생하게 꿈꾸면 이루어진다는 뜻이지."

"네에……."

표정을 보니 그게 무엇인지 가물가물한 모양이다. 가슴에 확 와 닿지 않아서 그런 것 같아 다시 설명해 주기로 했다.

생생하게^{Vivid}란 어떻게 한다는 말이며, 꿈^{Dream}은 또 무엇일까? 먼저 이 두 가지 사항을 알아야 R=VD 공식을 제대로 실천할 수 있다.

나는 최근에 어떤 중년 남자에게서 이런 말을 들었다.

"당신이 하라는 대로 생생하게 꿈꾸었습니다. 그런데 오히려 반대 결과가 나왔습니다."

"아, 그래요?"

"도대체 어떻게 된 일이죠? R=VD 공식대로 하면 된다고 했잖아요."

알고 보니 그는 주식 투자를 했다고 한다. 미리 주식에 대해 열심히 공부하고 뛰어들었으면 그나마 나았을 텐데, 별다른 준비 없이 거액을 투자하고는 주식이 오르기를 생생하게 꿈꾸었다고 한다.

《꿈꾸는 다락방》을 읽은 한 독자가 이런 이메일을 보내왔다.

"제가 지금 이 상태에서 우주선을 타지 않고 달나라까지 가는 걸 생생하게 꿈꾸면 진짜로 가게 된다는 거죠? 좋아요. 오늘부터 R=VD 공식을 열심히 실천할게요."

또 다른 독자는 이런 질문을 했다.

"저는 군것질을 유난히 좋아합니다. 덕분에 몸무게가 장난이 아니죠. 그런데 《꿈꾸는 다락방》을 읽고 희망이 생겼습니다. R=VD 공식이 다이어트에도 효과가 있을 거라는 확신을 갖게 되었죠. 그래도 의심이 들어 질문합니다. 제가 지금처럼 많이 먹으면서도 S라인을 생생하게 꿈꾸면 정말 그렇게 되나요? 제 꿈은 마음껏 먹으면서도 날씬해지는 것이거든요."

나는 이런 분들께 정중하게 답변을 드렸다. 그런 것을 R=VD 공식에서 말하는 'Dream' 이 아니기 때문에 이루어질 수 없다고 말이다. 노골적으로 말하면 꿈이 아니라 맞을 짓이다. 생각해 보라. 그런 게 꿈이고 정말 이루어진다면 이 세상 질서며 가치관 같은 게 뒤죽박죽 엉망진창이 될 것이다.

'꿈' 을 터무니없는 망상과 혼동해서는 안 된다. 가령 피겨 스케이팅에 재능이 있는 한 소녀가 김연아 선수를 모델로 하여 세계적인 피겨 선수가 되겠다고 다짐했다 치자. 그 소녀가 꿈을 이룬 자신의 모습을 생생하게 꿈꾸면서 피땀을 흘리며 온갖 노력을 다하여 기어이 세계 정상에 오르는 것, 그게 바로 내가 말하는 '꿈' 을 이루는 것이다.

그런데 연습은 소홀히 하면서 그저 마음의 힘만 믿고 'R=VD 공식을 열심히 실천하고 있으니 언젠가는 김연아 선수처럼 될 거야' 라고 생각하는 것은 제대로 꿈꾸는 것이 아니다. R=VD 공식을 바르게 실천하는 것도 아니다. 정확히 말하면 자신을 상대로 사기를 치는 것에 가깝다.

꿈을 언젠가 내 것으로 이루려면 열심히 노력해야 한다. 이렇게 되묻는 사람도 있을 것이다.

"그렇다면 꿈꿀 시간도 아껴서 노력하라고 해야지 왜 생생하게 꿈꾸라고 해요?"

이유는 간단하다. 꿈과 노력의 관계 때문이다. 꿈을 꾸어야 열심히 노력하게 되고, 생생하게 꿈꾸어야 모든 수고가 조금이라도 덜 힘들게 느껴진다. 꿈과 노력, 그중 하나가 없다면 한쪽이 없는 시소와 같다.

R=VD 공식이
잠재 능력을 깨운다

　인간에게는 놀라운 능력이 있다. 눈으로 보이지 않으니 믿기 힘든 것이 어쩌면 당연하겠지만, 의심을 버리고, 문명의 때를 씻고, 자연 그대로 인간으로 돌아가면 그 능력이 점차 발휘된다. 지금 이 순간에도 말기암을 선고받은 사람들이 어떠한 소망의 힘으로 완치되고, 불치병을 치료하기 위해 도시를 떠나 자연으로 들어간 환자들이 건강해지는 사례들이 쏟아지고 있다.

　꿈을 이루는 것도 마찬가지다. 마음을 열고, 의심의 때를 씻고, 생생하게 꿈꾸면 그동안 잠자던 잠재력이 기지개를 켜고 움직이기 시작한다. 그 결과 본능적으로 실패라는 복병을 피할 수 있게 된다.

　성공하고 싶다면 무엇보다 성공할 수 있다는 것을 믿어야 한다. 그게 시작이다. 믿음을 가지면 행동, 전략, 인맥과 같이 성공에 필요한 것들이 저절로 따라온다. 그러니 성공할 수 있다고, 아니 이미 성공했다고 확신하라.

우리 사람의 몸은 매일 새롭게 태어난다. 세포만 하더라도 매일 6천 개가 소멸하고 그 숫자만큼 새롭게 생성된다. 일 년이면 몸을 구성하고 있는 원자의 98퍼센트가 새롭게 교체된다. 수많은 실험 결과 원자, 세포, 몸은 의식에 영향을 받는다고 알려졌다. 우리가 성공을 꿈꾸면 신체 역시 성공에 맞게 변한다는 말이다. 이 얼마나 놀라운 일인가!

그러니 지금부터라도 변해야 한다. 생생하게 꿈꾸면 매일 새롭게 태어나는 세포 하나하나가 그 꿈에 영향을 받는다. 일 년 후에는 사람 자체가 완전히 새롭게 변한다. 그동안 잠재되었던 성공 능력이 마침내 기지개를 켜게 된다.

R=VD 공식은 우리가 지닌 잠재 능력을 불러내어 발휘하게 하는 기적의 열쇠다. 나는 부모님 때문에 안 된다, 돈이 없어서 안 된다, 얼굴이 못생겨서 안 된다, 건강하지 못해서 안 된다, 머리가 나빠서 안 된다, 의지가 부족해서 안 된다는 학생에게 다시 밝혀 둔다. 생생하게 꿈꾸면 분명 그것을 이룰 수 있다고.

다음 질문에 답해 보기 바란다.

1. 돈이 없어 새벽마다 우유를 배달하는 사람이 올라갈 수 있는 최고의 위치는?

2. 전 재산으로 병아리 열 마리를 가진 사람은 무슨 일을 할 수 있을까?

3. 동네 과외 교사로 생계를 꾸려가는 사람은 훗날 어떻게 살게 될까?

4. 사업에 실패하고 경찰을 피해 전국을 떠도는 사람은 새로운 인생을 살 수 있을까?

5. 전 재산이 단돈 500만 원인 실직자에게 미래가 있을까?

6. 건설 현장에서 막노동을 하면서 생활하는 사람에게도 성공이 찾아올 수 있을까?

7. 수세미를 파는 청년에게는 어떤 미래가 펼쳐질까?

8. 상업고등학교와 야간 대학을 졸업한 사람은 어느 위치까지 승진할 수 있을까?

9. 지방대 농과대학을 졸업한 사람은 대기업에 입사할 수 있을까? 그렇다면 무슨 일이 벌어질까?

내가 찾은 답은 다음과 같다.

1. 우유 배달부 신격호는 롯데그룹 창업주가 되었다.

2. 병아리 열 마리로 사업을 시작한 김홍국은 닭고기 생산뿐

아니라 판매 1위 업체인 ㈜하림의 창업주가 되었다.

3. 동네 과외방 교사 강영중은 대교그룹 창업주가 되었다.

4. 경찰의 지명수배를 피해 전국을 떠돌던 김광석은 참존화장품 창업주가 되었다.

5. 실직자 김양평은 세계 최대, 최고의 코팅기 제조회사인 GMP의 창업주가 되었다.

6. 막노동꾼 김철호는 기아자동차 창업주가 되었다.

7. 수세미 영업사원이었던 이장우는 한국 3M 사장이 되었다.

8. 상업고등학교와 야간 대학을 졸업한 조운호는 웅진식품 사장이 되었다.

9. 지방대 농과대학을 졸업한 허태학은 에버랜드와 신라호텔 사장이 되었다.

나는 여러 악조건을 극복하고 성공한 사람들을 2천 명 넘게 연구했다. 그리고 이들의 공통점을 정리하고 재해석한 결과물을 이렇게 책으로 쓰고 있다. 이들에게 우리 청소년들이 배워야 할 점을 세 가지로 요약하면 다음과 같다.

• 지금 상황과는 도무지 어울리지 않더라도 세상을 놀라게 할 크고 높은 꿈을 꾸라.

- 마음속에 그린 꿈의 그림을 수시로 생생하게 상상하라.
- 공부를 하든 일을 하든, 자신의 꿈에 걸맞은 대가를 확실히 치르라.

이 세 가지 문장을 한마디로 요약하면 다음과 같다.

"Vivid dreaming을 하라!"

PART 04

R=VD 공식
실천 방법

사진으로 VD하기

시각화하라! 이미지로

- 롤스로이드 팬덤 자동차
- 아웃백 스테이크 하우스
- 자가용 비행기
- 맥도날드 체인점 100개

이 네 가지를 과연 모두 소유할 수 있을까? 그것도 한 가지가 아닌 네 개씩이나. 우리와는 먼 딴 세계 이야기 같지만 그럴 수 있다. 단, 네 가지를 생생하게 꿈꿀 수 있다면! 아마도 평범한 우리는 생생하게 꿈꿀 수 없어서 거의 불가능하겠지만 말이다.

그렇다면 어떻게 해야 생생하게 꿈꿀 수 있을까? 위 네 가지 사진을 구해서 수시로 바라보며 구체적으로 상상하는 것이 한 방법이다. 온몸의 에너지를 생생하게 꿈을 꾸며 이루는 일에 바친다면 우리도 로키 아오키처럼 될 것이다.

약 50년 전 일이다. 일본인 무명 프로레슬링 선수 로키 아오키는 미국에 갔다. 미·일 친선 레슬링 경기에 참가하기 위해서였다. 물론 그는 들러리였다.

로키 아오키는 경기를 치른 후 미국에 남기로 결정했다. 패전의 흔적이 짙은 일본과 달리 미국은 곳곳에 성공의 기운이 감돌고 있었다.

미국에 남은 그는 R=VD 공식을 실천했다. 그가 어떻게 R=VD 공식을, 더구나 사진으로 VD하는 법을 알게 되었는지는 알 수 없다. 어쨌든 그는 상상을 초월할 정도로 강하게 성공을 갈구했거나 어쩌면 정말 순진했을 것이다. 보통 사람 같으면 '사진으로 VD하기'를 들어도 '뭐 그럴 수도 있겠지' 하고 넘어갔을 텐데 진심으로 믿고 온 힘을 다해 실천했으니 말이다.

로키 아오키는 우선 고급 승용차인 롤스로이드가 갖고 싶었다. 성공의 상징처럼 느껴졌기 때문이다. 언제 이루어질지 모르는 막연한 희망사항 같은 것이었다.

지갑에 있던 돈은 고작 400달러. 롤스로이드를 하루만 빌리는 데도 모자란 금액이었다. 일단은 롤스로이드 대리점으로 가서 사진을 몇 장 찍었다. 롤스로이드를 사방에서 찍고, 핸들을 잡고 운

전하는 모습과 주인처럼 옆에 서서 빙긋 웃고 있는 모습도 찍었다. 사진을 찍기 위해 로키 아오키가 대리점 사장에게 어떻게 말했는지는 알려지지 않았다.

로키 아오키는 자신의 가게와 자가용 제트기도 갖고 싶었고, 전 세계 주요 도시 100곳에 체인점도 내고 싶었다. 첫 번째 꿈은 물론이고 나머지 세 가지 소원도 모두 현실적으로는 불가능한 것이었다. 하지만 그는 꿈꾸기를 주저하지 않았다. 그것도 아주 생생하게!

로키 아오키는 전 세계에 체인점을 낸 미국의 유명한 가게들과 자가용 제트기 전시장에 가서도 사진을 찍었다. 그러고는 다음과 같이 행동했다.

- 매일 정해진 시간에 사진을 보면서 R=VD 공식을 실천했다.
- 어디를 가든 사진을 가지고 다녔다.
- 짬이 날 때마다 사진을 펼쳐놓고 생생하게 꿈꾸었다.
- VD를 R로 만들기 위해 모든 에너지를 다 바쳤다.

결과는 어떻게 되었을까? 1964년, 로키 아오키는 '베니하나'라는 철판구이 요리점을 미국에 열었고, 현재 전 세계 주요 도시 100여 곳에 체인점을 둔 창업주가 되었다. 베니하나의 성공은 나머지 꿈들을 이뤄 줬다. 그는 롤스로이드 자동차와 자가용 제트기를 타고 전 세계를 돌아다니게 되었다. 현실성 없어 보이던 큰 꿈을 확실히 이룬 셈이다.

그렇다면 우리라고 해서 로키 아오키 같은 성공을 거두지 못할 이유가 어디에 있는가? 우리는 50여 년 전 로키 아오키보다 훨씬 좋은 상황에 있다. 로키 아오키는 영어 한 마디 제대로 못하는 상태로 미국에 홀로 남았고, 몸담았던 프로레슬링 세계도 떠나지 않았는가. 이 상황은 한국말을 전혀 못하는 태국인 무명 킥 복서가 사업으로 성공하겠다며 아는 사람 하나 없는 한국에 덩그러니 남은 것과 다름없다. 지금부터라도 '사진으로 VD하기'를 열정적으로 실천해 보라. 꿈과 성공이 눈앞에 찾아올 것이다.

사진을 이용하여 생생하게 꿈꾸는 방식은 다음과 같다.

- 소망하는 것의 사진을 구하라. 소망하는 사람의 사진도 좋다. 사진을 꼭 직접 찍을 필요는 없다. 잡지에서 오린 사진도 괜찮다.
- 사진을 항상 갖고 다니라. 책상이나 냉장고 문에 붙여놓거나 수첩에 넣고 다니는 것은 기본이다. 핸드폰 액정 화면에도 띄워놓고 컴퓨터 바탕화면에도 깔아 놓으라.
- 사진을 보면서 목적하는 것을 이미 얻었다고 느끼라. 오감

을 동원하여 느끼는 게 좋다. 그 느낌을 말로 표현하면 더욱 좋다. 원하는 게 모 대학 수석 입학이라면 그 대학 사진을 구한 다음 그것을 보면서 이런 식으로 말하라.

"수석 입학이라는 게 대단한 줄 알았는데, 별 것 아니네. 뭐 어쨌든 수석 입학을 하고 나니 기분 좋네!"

• 이렇게 하면 예상보다 빨리 소망하는 바를 이룰 수 있다.

보다 빨리 원하는 것을 이루고 싶다면 해당 사진을 보면서 자신에게 이렇게 물어보라.

'이것을 얻으려면 무엇을 해야 하나?'

이런 질문은 학습, 자기통제, 동기부여 등을 관장하도록 한껏 뇌를 자극하여 온힘을 다해 꿈을 이루도록 한다. 꿈을 이루는 어떤 기회도 놓치지 않게 해 준다.

유능한 디자이너가 되고 싶다면 그들의 사진을 스무 장 정도 구한 다음 자신의 사진을 중심으로 배치하라. 그 사진판을 보면서 매일 이렇게 자신에게 질문하라.

"이분들과 어깨를 나란히 하는 디자이너가 되려면 지금 무엇을 해야 하는가?"

어느새 생각과 태도가 확 달라질 것이다. 머지않아 단순히 사진 VD를 실천하는 친구들보다 몇 배 빨리 꿈을 이룰 것이다.

동영상으로 VD하기

열망하라! 잠재의식 밑바닥까지

사진보다 동영상을 활용하여 VD를 하면 더욱 강력한 효과를 얻을 수 있다. 사진으로 VD를 할 때보다 더욱 생생하게 꿈꿀 수 있기 때문이다.

우리나라 양궁선수들은 세계 최고 실력을 자랑한다. 여자양궁은 한국에서 80위면 세계 5위나 마찬가지고 국가대표로 선발되기가 올림픽 금메달을 따기보다 더 어렵다는 말이 있을 정도다. 완벽에 가까운 이러한 성공 이면에는 특수심리훈련이 있다. 그중 하나가 동영상으로 VD하기다.

서울대학교 스포츠심리연구센터 수석연구원이 양궁 올림픽 선수단을 위해 제작한 7분 2초짜리 동영상은 다음과 같은 순서로 구성되어 있다.

- 선수들이 경기장으로 이동할 때 보이는 장면들이 나온다. 선수들이 타고 갈 버스 내부, 버스가 이동하는 도로, 경기장 전경, 경기장 내부 연습실, 선수 대기실과 경기장 내부로 연결된 통로, 빛이 환하게 들어오는 출구 등이 순차적으로 보인다.
- 선수들이 경기장으로 이어지는 출구로 걸어가면서 긴장하는 장면이 나온다. 이때 "여유롭게 하자!"라는 음성이 들린다.
- 경기장을 가득 채운 관객들이 나온다. 관객들의 환호와 열렬한 응원, 박수 소리가 들린다.
- 최고 컨디션으로 사선에 선 선수 자신의 모습이 보인다. 이어 자신 있게 시위를 당기는 자신의 모습이 나온다.
- 열두 발의 화살이 차례대로 시위를 떠난 후 과녁 정중앙을 전부 완벽하게 꿰뚫는 장면이 나온다.

골프 역사상 전무후무한 대기록 PGA 챔피언십 5회 우승, US 오픈 4회 우승, 마스터즈 대회 6회 우승, 브리티시 오픈 3회 우승, PGA 및 SENIOR 투어 '그랜드 슬램(한 해에 4대 메이저 대회에서 모두 우승하는 일)'을 달성한 잭 니클로스는 경기 직전에 동영상으로 VD를 한 덕분에 승승장구했다고 밝혔다. 그 동영상에는 그가 최고 샷을 날리는 장면이 찍혀 있다. 전설적인 골퍼 아놀드 파머와 골프 천재 타이거 우즈 역시 매일 동영상으로 VD를 하고 있다고 한다.

1분 1초가 아까운 세계 최정상급 선수들이 왜 일부러 시간을 내어 동영상으로 VD를 하고 있을까? 그 이유는 직접 몸으로 뛰는 훈련 이상으로 효과가 있어서 승리에 도움을 주기 때문이다.

세계적인 기업 '교세라 인터내셔널'을 세운 가즈오 이나모리는 거대한 성공 비결에 대해 묻는 질문에 이렇게 대답했다.

"크게 성공을 하려면 성공하고야 말겠다는 강렬한 열망이 잠재의식 밑바닥까지 스며있어야 합니다."

세계적인 동기부여가들의 의견을 따르면, 마음속으로 성공을 꿈꾸는 순간 잠재의식의 표면에 그 바람이 도달한다. 사진을 보면서 구체적으로 성공을 꿈꾸면 잠재의식의 중간지점에 도달하고, 동영상을 보면서 현실감을 잃을 정도로 생생하게 꿈꾸면 잠재의식의 밑바닥까지 이른다.

사진이나 동영상을 사용하지 않고도 성공하고야 말겠다는 강렬한 열망을 잠재의식 밑바닥까지 보내는 사람들도 있긴 하다. 사실 누구라도 10년 이상 지속적으로 R=VD 공식을 실천하면 열망을 잠재의식 밑바닥까지 보낼 수 있다. 하지만 그토록 오랜 시간 공을 들일 자신이 없다면, 좀 더 빨리 꿈을 이루고 싶다면, 사진이나 동영상으로 VD를 하라고 나는 권한다.

어떠한 VD 기법을 선택하든 상관없지만, 기억하라! 오직 생생하게 꿈꾸는 것만 얻을 수 있다는 사실을!

떠나라! 꿈을 이루게 될 곳으로

리처드 폴 에반스의 꿈은 세계적인 베스트셀러 작가가 되는 것이었다. 그는 꿈이 이루어진 모습을 생생하게 떠올리며 열심히 원고를 썼지만 안타깝게도 출판사마다 거절했다. 그런 일은 몇 년 동안 계속되었다.

리처드 폴 에반스가 평범한 R=VD 실천자였다면 그쯤에서 이렇게 단정하고 포기했을 것이다.

'R=VD 공식은 다른 사람은 몰라도 나에게는 안 맞는구나.'

그런데 리처드 폴 에반스는 끝까지 포기하지 않았다. 오히려 R=VD 공식을 좀 더 진지하게 열심히 실천하면서 계속해서 글을 썼다.

그는 특별한 실천자였던 것 같다. 자신의 VD가 현실에서 이루어지는 것을 마냥 기다리는 대신 자신의 VD로 현실을 정복해버렸으니 말이다. 꿈이 이루어지기를 학수고대하던 그는 어느 날 미국 전국서점협회가 뉴욕타임스 베스트셀러 저자들의 사인회를 개최한다는 소식을 듣고 다음과 같이 행동했다.

- 자비로 책을 출판했다.
- 출판한 책을 싸들고 사인회장으로 날아갔다.
- 베스트셀러 저자들의 사인회가 열리는 수많은 부스 옆에 부스를 열었다. 물론 서점협회 측의 허락 없이, 자기 마음 대로.

사인회에 온 독자들은 리처드 폴 에반스가 자신들이 모르는 세계적인 작가라고 생각했는지 줄을 서서 사인을 받기 시작했고, 리처드 폴 에반스는 자신의 책이 세계적인 베스트셀러라고 소개했다. 참고로, 뉴욕타임스 베스트셀러 저자들은 대부분 세계적으로 알려졌다.

서점협회 측에서는 리처드 폴 에반스에게 즉시 부스를 철거하고 돌아가라고 했다. 그때 그는 어떻게 반응했을까?

"목이 말라요. 시원한 음료수 한 잔 부탁해요."

서점협회 측은 순간 당황했다. 리처드 폴 에반스의 표정, 말투,

복장, 분위기, 태도 등이 세계적인 베스트셀러 작가와 흡사했기 때문이다. 결국 그들은 알 수 없는 어떤 힘에 정복당한 채 리처드 폴 에반스에게 시원한 음료수를 주고, 그의 사인회를 도왔으며, 그를 세계적인 베스트셀러 작가로 인정했다.

리처드 폴 에반스의 상상을 초월한 장소 VD는 과연 초특급 효과가 나타났다. 다음 해에 출판한 책《크리스마스 상자》가 뉴욕 타임스 베스트셀러 1위에 오르고 18개국 언어로 번역되어 날개 돋친 듯 팔려나갔다.

영화감독 스티븐 스필버그 역시 상상을 초월하는 장소 VD로 성공했다. 스티븐 스필버그는 무려 9년 동안 R=VD 공식을 실천 하면서 영화감독이 되기를 소망했다. 하지만 그 꿈이 이루어지지 않자 자신의 VD로 현실을 정복하기로 마음먹었다. 마치 리처드 폴 에반스처럼 그는 자신이 서고 싶은 장소인 '유니버설 스튜디 오'로 무작정 쳐들어갔다.

그런데 놀라운 일이 벌어졌다. 그의 행동이 너무 당당했는지 아무도 그를 제지하지 않았다. 그가 빈 사무실에 '스티븐 스필버 그 감독 사무실'이라는 간판을 내걸자 청소부들이 지나가다 청소를 해주었고, 경비원들은 사무실을 지켜 주었다.

그는 일주일에 세 번 정도 사무실에 들렀다. 감독처럼 차려 입고 영화 촬영장을 어슬렁거렸다. 이미 영화감독이 된 자신의 모습을 생생하게 꿈꾸는 일밖에 달리 할 일이 없었다.

이런 장소 VD는 특별한 효과가 나타났다. 유니버설 스튜디오에 직접 머무르면서 장소 VD를 시작한 지 2년 만에 자신의 영화를 극장에 내걸게 되었다.

만약 스티븐 스필버그가 직접 유니버설 스튜디오에 찾아가 R=VD 공식을 실천하지 않았다면 어떻게 되었을까? 아마도 그는 꿈을 이루기까지 최소한 두세 배의 시간을 더 기다려야 했을 것이다.

소리 내어 VD하기
말하라! 원하는 것을

1990년, 한 젊은이가 50달러짜리 중고 고물 승용차를 몰고 캘리포니아 집에서 할리우드로 향했다. 할리우드에서 세계적인 성공을 거두어 병석에 누운 어머니를 제대로 보살피고 싶어서였다. 하지만 현실은 만만치 않았다. 청년은 할리우드에서 거지가 되고 말았다. 햄버거 하나를 세 토막 내어 세 끼니를 때우고, 노숙을 하고, 공원 화장실에서 세수를 하는 나날이 이어졌다.

자신의 힘으로는 배우가 될 수 없다고 판단한 청년은 R=VD 공식을 실천하기로 했다. 벼랑 끝에 몰리기 전에는 말도 안 된다고 생각했던 공식을 지푸라기라도 잡는 심정으로 믿고 실천하기 시작했다.

청년은 매일 밤 할리우드가 한눈에 보이는 언덕으로 올라갔다.

그곳에서 도시를 내려다 보며 이렇게 소리쳤다.

"이 도시 모든 사람이 나와 일하고 싶어 한다!"

"나는 훌륭한 배우다! 정말로, 정말로 좋은 배우다!"

"나는 최고 감독들이 메가폰을 쥔 온갖 장르의 영화에 출연 요청을 받고 있다!"

그는 이 모든 것이 이루어진 모습을 생생하게 상상했다. 17년 동안 소리 내어 VD를 실천한 그 주인공은 바로 세계적인 영화배우 짐 캐리다. 짐 캐리가 무명 시절에 실천했던 이 VD 기법은 '소리 내어 VD하기'라고 한다. 소리 내어 VD를 하는 방법은 다음과 같다.

- 소망이 이루어진 모습을 생생하게 꿈꾼다.
- 꿈꾼 내용을 말로 표현한다. 꿈이 이루어진 모습을 실제로 보고 있는 것처럼 상세하게 표현한다. 이 능력이 부족하면 미리 종이에 적어두고 큰 소리로 읽어도 된다.
- 말의 여운이 가시기 전에 다시 한번 생생하게 꿈꾼다.
- 매일 30분 이상 이 과정을 반복한다. 혼자만의 공간에서 해도 무방하나 꿈을 이루고 싶은 장소에 가서 하면 더 효과적이다.

세계적인 동기부여가 캐서린 폰더는 소리 내어 VD하는 기법을 사용하여 가난한 사람을 부자로 변화시키는 강사로 유명하다. 예를 들면, 그녀가 교육한 한 가정부는 몇 년 만에 의류회사 최고 경영자가 되었고, 한 증권회사 중개인은 불황 속에도 이익을 네 배나 내었으며, 100만 달러대의 공사밖에 수주하지 못하던 건설회사 사장은 오래지 않아 1억 달러대의 공사를 계약하는 사람이 되었다.

캐서린 폰더가 가르치는 소리 내어 VD하는 기법의 핵심은 과연 무엇일까? 자신의 소망이 이루어진 모습을 생생하게 상상하면서 하루 세 번씩 5분간 큰 소리로 반복해서 말하는 것이다.

저명한 교육심리학자 폴 그래그 박사는 소리 내어 VD하는 기법을 실천하면 누구나 기적 같은 삶의 변화를 이룰 수 있다고 존 데마르티니의 사례를 들어 증명했다. 존 데마르티니는 일곱 살에 학습 불능이란 진단을 받고, 열네 살에 학교를 그만두고, 열일곱 살에 약물에 중독된 소년이었다. 폴 그래그 박사는 그에게 매일 수십 번씩 '나는 천재다! 나는 내 지혜를 활용한다' 라는 문장을 큰 소리로 외치며 상상하게 했다.

그 후 존 데마르티니는 어떻게 되었을까? 휴스턴 대학교를 졸업한 뒤 박사가 되었고, 기업 연수 프로그램 54개를 만들었으며, 책을 13권이나 썼고, 세계적인 강연가가 되었다.

기록하라! 목표하는 것을

1953년 미국, 예일 대학교는 졸업생들을 대상으로 설문조사를 했다.

"인생의 목표와 계획을 적은 종이를 갖고 있는가?"

그렇다고 대답한 졸업생은 단지 3퍼센트밖에 되지 않았다. 그로부터 20년이 흐른 1973년, 예일 대학교는 1953년도 졸업생들을 대상으로 그들이 어떻게 살고 있는지 조사했다. 그 결과 인생의 목표와 계획을 적은 종이가 있다던 3퍼센트가 나머지 97퍼센트보다 훨씬 더 충만하고 행복한 감정을 느끼며 살고 있다고 했다. 재정은 더 놀라운 결과가 나타났다. 3퍼센트가 지닌 재산이 나머지 97퍼센트가 소유한 재산을 합친 것보다 많았다.

2002년 1월, 〈USA 투데이〉지도 이와 비슷한 설문조사를 했다.

독자들에게 신년 계획을 물어 보니 글로 적어둔 사람과 그냥 머릿속에 담아만 둔 사람으로 나누어졌다. 일 년 후인 2003년 2월, 〈USA 투데이〉지는 신년 계획을 글로 적어둔 사람들의 성취율이 그렇지 않은 사람들보다 무려 1,100퍼센트나 높았다고 발표했다.

소망이 이루어진 모습을 생생하게 꿈꾸며 글로 적으면 이루어진다는 것은 사실 잘 알려진 R=VD 기법 중 하나다. 이 기법으로 꿈을 이룬 대표적인 사람들을 소개해 본다.

조지 워싱턴

"나는 아름다운 여자와 결혼할 것이다. 나는 미국에서 가장 큰 부자가 될 것이다. 나는 군대를 이끌 것이다. 나는 미국을 독립시키고 대통령이 될 것이다."

미국 건국의 아버지 조지 워싱턴은 열두 살 때부터 이런 목표를 글로 적으면서 생생하게 꿈꿨다.

이소룡

"나는 1980년에 미국에서 가장 유명한 동양인 배우가 되어 있을 것이다. 나는 천만 달러에 이르는 출연료를 받을 것이다."

이소룡이 친필로 작성한 이 종이는 뉴욕 플래닛 할리우드가 소장하고 있다.

비틀스

"존과 나는 언제나 공책을 펼쳐 놓고 나란히 앉곤 했는데, 완전히 누더기가 되어버린 그 공책을 나는 지금까지 소중히 간직하고 있다. 첫 페이지 위쪽에 '레논과 매카트니의 오리지널' 이라는 제목을 붙이고 생각나는 대로 무엇이든 써두었다. 다음 세대에는 우리가 최고 밴드가 될 거라는 꿈으로 가득 채웠다. 그리고 우리는 결국 그 꿈을 이루어냈다."

비틀스 멤버 폴 매카트니가 한 말을 작가 래리 레인지가《오만한 CEO 비틀스》라는 책에 옮긴 내용이다. 래리 레인지는 폴 매카트니가 이렇게 말했다고 한다.

"꿈을 글로 적는 습관이 비틀스의 성공에 큰 역할을 했다."

스콧 애덤스

"나는 신문에 만화를 연재하는 유명한 만화가가 될 것이다."

만화가가 되고 싶었던 스콧 애덤스는 매일 종이 위에 이렇게 적었다. 비록 공장에서 일하는 신세였지만 자신의 꿈이 이루어진 모습을 생생하게 그리면서. 그는 신문에 만화를 연재하는 꿈이 이루어지자 이번에는 매일 열다섯 번씩 다음과 같이 적었다.

"나는 세계 최고 만화가가 되겠다."

현재 그가 그린 만화는 전 세계 2천 종의 신문에 연재되고 있다. 그는 지금도 매일 열다섯 번씩 종이 위에 이렇게 적고 있다고 한다.

"나는 퓰리처상을 받을 것이다."

글로 적으면서 VD하는 기법은 아래와 같이 쉽고도 간단하다.

- 꿈의 노트를 마련한다.

어떤 노트를 사용하든 상관없다. 꼭 노트가 아니어도 된다. 다이어리나 연습장도 좋고 이면지 묶음이나 포스트잇도 괜찮다. 한글 워드 파일을 사용해도 좋다. 중요한 것은 꿈을 글로 적는 행위기 때문이다.

- 노트에 꿈을 적는다.

이루고 싶은 꿈을 모두 적으라. 과감하고 대담하게 적으라. 매일 꾸준히 반복해서 적으면 더 신속하고 강력한 효과를 볼 수 있다.

- 꿈이 이루어진 모습을 생생하게 그린다.

꿈을 적으면서, 또는 이미 적은 내용을 소리 내어 읽으면서, 오감을 동원해서 생생하게 느껴야 한다. 꿈이 이루어지는 속도는 가슴이 느끼는 생생함에 비례한다.

그런데 글로 적으면서 VD를 할 때 지켜야 할 두 가지 원칙이 있다.

첫째, 꿈의 노트에 적은 내용이 반드시 이루어질 것이라고 진심으로 믿어야 한다. 이 믿음을 지키는 것으로 어떤 불이익이 온다 해도 기쁘게 감수해야 한다. 꿈은 바로 그런 믿음에 반응하기 때문이다.

수십 년 전 일이다. 미국의 한 고등학교 선생님이 자기 반 학생들에게 어른이 되면 이루고 싶은 꿈을 써오라는 숙제를 냈다. 그런데 숙제로 써온 아이들의 꿈은 황당하기 이를 데 없었다. 철없는 십 대나 생각할 비현실적인 것 천지였다.

현실적인 안목을 길러 주어야겠다고 생각한 담임선생님은 그 꿈들이 얼마나 비현실적인지 즉각 지적하며 노트를 되돌려 주었다. 학생들은 자신의 꿈을 선생님 마음에 들도록 새로 적었다. 가정 환경, 학교 성적 같은 현실에 비추어 보아 충분히 이루어질 법한 꿈들만 기록했다. 선생님은 수정한 꿈들에 A플러스 혹은 A학점을 줬다.

그런데 먼티라는 학생은 예외였다. 그는 꿈의 노트를 한 글자도 고치지 않고 그대로 제출했다. 노트 첫 페이지 상단에는 이렇게 적혀 있었다.

"나는 200에이커(약 809,370제곱미터)에 달하는 목장을 소유하는 사람이 될 것이다. 경주마 트레이너들을 고용하는 사람이 될 것이다. 서러브레드 순종 경주마들을 기르는 사람이 될 것이다."

그 밑에는 목장의 조감도가 상세히 그려져 있고, 다음 페이지에는 목장의 구조, 그 다음 페이지에는 목장에서 기를 가축과 목동의 수가 구체적으로 적혀 있었다. 장차 자신이 소유하게 될 목장에 관한 사항들을 총 일곱 페이지에 걸쳐 적어 놓다니!

담임선생님은 어이가 없었다. 자신의 선의가 무시당한 것에도 화가 살짝 치밀었다. 먼티에게 차갑게 말했다.

"이봐, 먼티, 선생님도 네 마음을 이해해. 나도 네 나이 땐 커다란 꿈을 꾸었으니까. 하지만 꿈은 현실이 될 수 없기에 꿈인 거야.

네가 처한 현실을 생각해 봐. 너는 지금 어머니도 없이 아버지랑 단둘이 트럭 뒤 칸에서 살고 있잖아. 게다가 아버지는 고정된 직장이 없어서 이 목장, 저 목장을 떠돌면서 잡일을 하고 있어. 그런데 네가 무슨 수로 목장을 살 수 있겠니? 어디서 무슨 돈이 나서 경주마를 구입하고, 수십 명에 달하는 트레이너들과 목장 노동자들에게 매달 월급을 줄 수 있겠니?

백번을 다시 생각해 봐도 말이 안 돼. 그런 일은 있을 수 없어. 선생님이 다시 기회를 줄게. 이 페이지들은 전부 찢어 버리고, 새로운 꿈을 적으렴. 네 처지에 맞고 실현 가능한, 상식적으로 납득할 수 있는 꿈을 적으란 소리야. 만일 그렇지 않으면 난 F학점을 줄 수밖에 없단다. 허황된 얘기만 잔뜩 있는 리포트에 어울리는 점수는 F밖에 없으니까."

먼티는 선생님의 의견에 동의하지 않고 확신에 찬 어조로 당당하게 말했다.

"선생님, 저는 소망을 글로 적고 생생하게 꿈꾸면 반드시 이루어진다는 말을 믿어요. 제게 F학점을 주세요. 전 학교 점수보다 제 꿈이 더 중요하니까요."

그 말에 담임선생님은 고개를 절레절레 흔들었고, 결국 먼티는 F학점을 받았다.

그런데 고등학생 먼티가 꿈꾸며 노트에 상세하게 적은 내용이 거의 그대로 이루어진 목장이 실제로 있다. 미국 캘리포니아 주에 있는 'Flag is up Farms'라는 목장이다. 이 목장의 주인은 당연히 먼티다.

둘째, 꿈의 노트를 항상 지니고 다녀야 한다. 꿈의 노트가 너무 두꺼워 갖고 다니기 곤란하다면 거기에 꿈을 기록한 다음 작은 수첩에 옮겨 적어 다니면 된다. 작은 메모지 한 장에 꿈의 목록이 전부 들어간다면 메모지에 적어 다녀도 된다.

올림픽 10종 경기 금메달 리스트인 브루스 제너는 올림픽 대표선수 지망생들을 대상으로 강연할 때 이렇게 물었다.

"여러분 중에 꿈의 노트를 가지고 있는 사람 있습니까? 그 노트를 보면서 꿈이 이루어진 모습을 매일 생생하게 그리는 사람이 있습니까?"

장내를 가득 채운 선수 전부가 손을 들었다. 브루스 제너는 다시 질문했다.

"그렇다면 지금 이 순간 꿈의 목록을 적은 종이를 지닌 사람은 있습니까?"

이번에는 오직 한 사람만이 손을 번쩍 들었다. 그는 바로 1996년도 애틀랜타 올림픽 10종 경기에서 금메달을 딴 댄 오브라이언이다.

세계적인 영화배우 짐 캐리도 이 원칙을 철저하게 지킨 사람으로 유명하다. 그는 길고 혹독한 무명 시절을 보내던 어느 날, '글로 적으며 VD하기 기법'에 대해 듣고는 즉시 수표 용지 한 장을 구했다. 그리고는 이렇게 적었다.

- 지급 기한: 1995년 추수감사절까지
- 지급 금액: 1천만 달러

- 지급하는 사람: 할리우드 영화사
- 지급받는 사람: 짐 캐리

짐 캐리는 이 수표 용지를 늘 지갑 속에 넣고 다니며 매일 수시로 들여다 보면서 1천만 달러를 영화 출연료로 받는 자신의 모습을 생생하게 꿈꿨다. 그리고 그 꿈이 이루어져 1995년도에 실제로 영화 출연료로 1천만 달러를 받았다. 추수감사절 전이었고, 영화 제목은 〈마스크〉다.

꿈은 떠올리는 순간부터 이루어진다

나폴레옹 이야기를 들어 설명했듯이 R=VD 공식의 기원은 무한한 상상력으로 충만했던 유년 시절의 우리 자신이다. 소망을 이미 이룬 것처럼 생생하게 꿈꾸는 것은 인간이라면 누구나 지닌 선천적인 능력이다. 그러나 애석하게도 우리는 살아가는 동안 세파에 시달리면서 어린 시절 순수한 믿음을 잃어버리고 만다. 우리가 어렸을 때를 생각해 보자. 그때는 대통령도 될 수 있고 세계적인 과학자도 될 수 있다고 아무런 의심없이 꿈꾸고 믿었다. R=VD 공식은 바로 유년 시절의 그런 순수한 믿음을 되찾아 주기 위한 것이다.

나는 저자 강연회나 사인회장에서 R=VD 공식을 사용해 신형 휴대전화, 디지털 카메라, MP3, 고급 핸드백, 노트북, 냉장고, 자동차 같은 것들을 얻었다는 독자들을 종종 만난다. 그때마다 좀 건조한 목소리로 이렇게 말하곤 했다.

"꿈의 힘을 경험하셨으니 앞으로는 큰 꿈을 꾸셨으면 좋겠네요. 세상에 빛을 준 장기려 박사님이나 유일한 박사님 같은 삶을 사는 꿈 말이죠."

한때 나는 R=VD 공식을 사용해서 작은 물질적인 소망을 이룬 사람들을 안타깝게 생각했다. 하지만 지금은 그렇게 생각하지 않는다. 소박한 꿈을 이룬 경험으로 큰 꿈도 얼마든지 이룰 수 있다는 믿음이 생겨서 새로운 인생을 살게 된 사람들을 알게 됐기 때문이다.

만일 아직도 R=VD 공식을 신뢰하지 못하겠다면 소박한 꿈부터 시작하라. 아이스크림 같은 사소한 것을 말하는 것이 아니다. 그런 것은 굳이 R=VD 공식을 사용하지 않아도 쉽게 먹을 수 있다. 휴대폰, 디지털 카메라, 노트북 같은 것부터 시작하라. 소박한 물질을 얻은 경험으로 마음의 힘에 대한 믿음이 생겼다면 최고의 성적 올리기, 원하는 대학 들어가기, 이상형 만나기 같은 한 단계 높은 것들로 옮겨 가라. 그 다음 단계는 거대한 사회적 · 경제적 성공을 거두는 꿈을 꾸고, 최종 단계는 성공의 결과물을 가난하고 병든 약자들과 나누는 아름다운 꿈을 꾸라.

꿈을 이룬답시고 미국의 신흥 종교에서 말하듯 우주에 생각 같은 것을 보낼 필요는 없다. 간절히 바라면 우주가 모든 에너지를 모아 준다는 '끌어당김의 법칙'을 받아들이든 말든 그것은 자유다. R=VD 공식과 끌어당김의 법칙이 유사한 것은 사실이지만 그 지향점은 분명 다르다. R=VD 공식은 순수하게 꿈의 성취를 추구하는 반면, 끌어당김의 법칙은 미국의 신흥 종교 뉴에이지 교리를 전하기 위한 방법의 하나로 꿈을 이루는 기술을 말한다.

꿈을 이루기 위해 명상을 할 필요도 없다. 명상은 마음을 비우기 위해서 승려들이 하는 것이지 세속적인 무엇을 얻기 위해서 하는 것이 아니기 때문이다.

청소년 여러분은 그저 마음의 힘을 강하게 믿고 생생하게 꿈꾸면 된다. 이 세상에서 물질적인 무엇을 이루거나 얻는 일은 마음먹기에 달렸다. 꼭 이루고 싶은 소망을 생생하게 꿈꾸라. 책상, 노트, 휴대폰 액정, 컴퓨터 바탕화면, 거울 등 시선이 자주 머무는 곳에 사진을 놓고 생생하게 꿈꾸라. 동영상을 구할 수 있으면 더 좋다. 수첩에 소원을 적어 놓고 매일 읽으라.

꿈은 꾸는 순간 이루어지기 시작한다. 단, 강력하게 믿고 지속해서 꿈꾸는 자에게만.

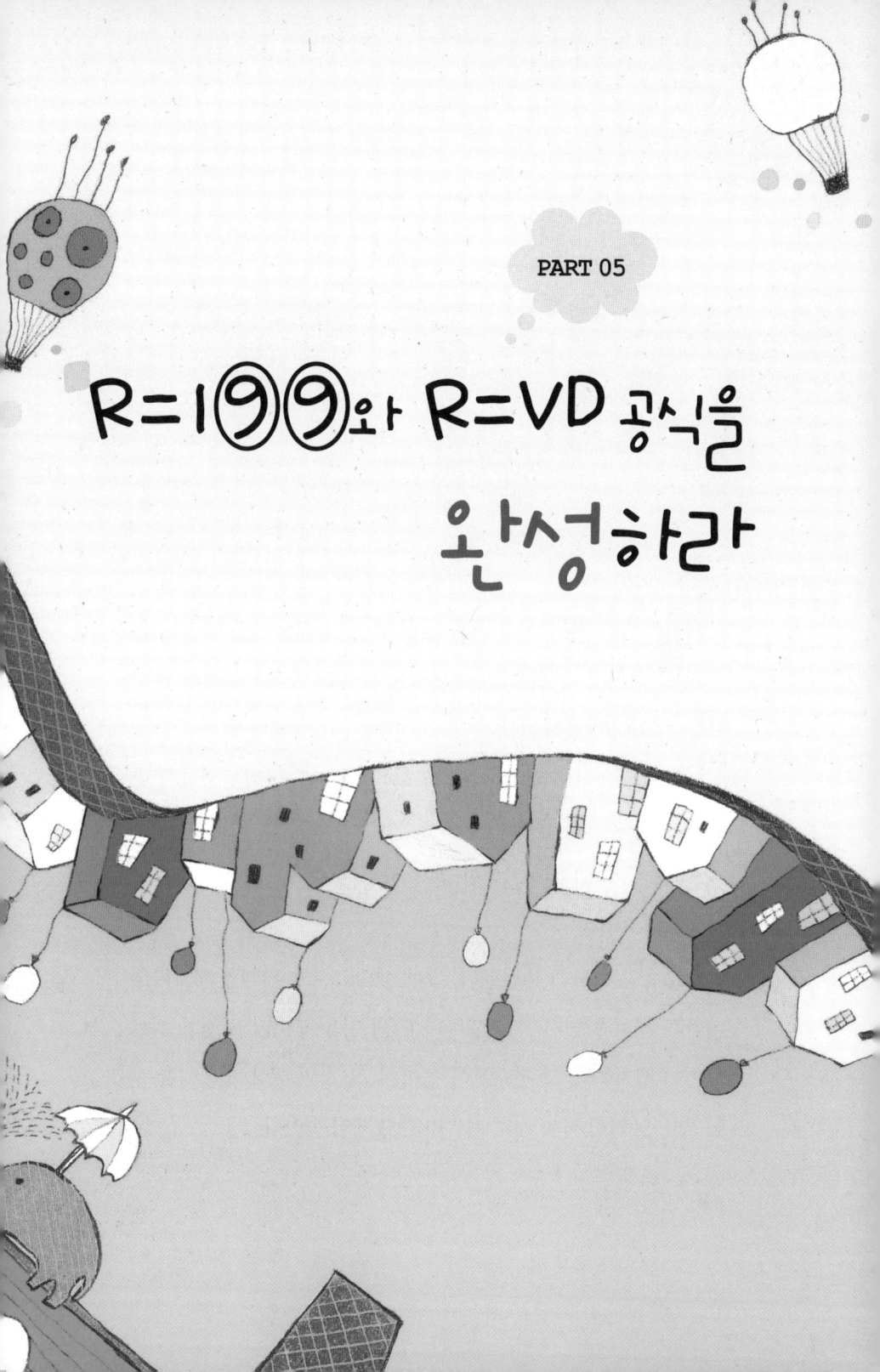

PART 05

R=①⑨⑨와 R=VD 공식을
완성하라

강렬히
소망하라

거창하지는 않지만, 입시를 앞두고 있던 고3 시절 내 얘기를 꺼내 볼까 한다. 당시 대입 수험생들은 예비고사와 대학별 본고사를 치고 대학에 들어갔다.

3월, 학교에서 대입 1차 모의고사를 치른 후 담임선생님이 말씀하셨다.

"정택아, 너 대학에 진학할 생각이 있긴 하니?"

"네. 가야지요."

나는 무덤덤하게 대답했다. 그때 예비고사는 지역별 커트라인이라는 것이 있었다. 시·도마다 학생 비율에 따라 일정한 커트라인이 생기는데 그 점수보다 높아야 그 지역 대학에 응시할 수 있었다. 당연히 서울 지역 커트라인이 제일 높았다.

선생님은 내 모의고사 점수를 다시 살펴보고는 못마땅한 표정을 지으셨다. 내 점수는 179점으로 너무 낮았다.

"너 서울에 있는 대학에 갈 거니?"

"네. 그리고 싶어요."

선생님은 한숨을 푹 쉬셨다.

"정택아, 200점대 초반은 되어야 서울 지역 커트라인을 통과할 수 있어. 열심히 도전해 보렴."

"네에."

대답은 했지만 자신이 없었다.

집에 와서 생각해 보니 서울 지역 커트라인을 넘을 수 없을 것 같았다. 한없이 속상하고 우울해졌다. 이런 생각도 들었다.

'에이, 어차피 대학에 못 갈 텐데 굳이 학교를 더 다닐 필요 있겠어? 더 이상 학교 안 갈 테야. 그만두어야지.'

나는 책이며 가방을 앞마당에 있는 나무 밑에 다 던져버렸다. 그리고 마루에 앉아 있는데 어머니가 내 눈치를 보며 조심스럽게 다가오셨다.

"정택아! 왜 그러니?"

나는 절망적으로 크게 소리쳤다.

"담임선생님이 나는 대학에 못 간대! 내일부터 학교에 안 갈 거야!"

예상 외로 어머니는 차분한 표정으로 나를 살펴보셨다. 크게 야단을 치실 줄 알았는데 그게 아니었다.

"선생님이 너한테 그렇게 말씀하셨니?"

"……."

어머니는 내가 내버린 책과 가방을 하나씩 주어다가 툴툴 터셨다. 그리고 내 공부방 책상에 정리하고는 내 감정이 가라앉을 때까지 기다리셨다.

"정택아, 왜 미리 포기하려고 그러니? 아직 12월까지 시간이 있잖아. 내 아들은 반드시 할 수 있을 거라 믿어."

어머니는 내 등을 토닥이며 오래도록 격려해 주셨다.

"열심히 했는데도 안 된다면 걱정하지 마라. 꼭 대학에 가야만 앞날이 보이는 건 아니니까. 네가 대학에 못 가더라도 엄마가 살 길을 안내해 줄 거야. 그러니 걱정하지 말고 그저 노력이나 해 봐. 대학 입시보다 더 좋은 결과를 얻을 수도 있어."

나는 잠을 못 이룬 채 늦은 밤까지 뒤척였다.

'과연 내가 서울 지역 커트라인을 넘길 수 있을까? 정말 나는 대학에 가고 싶은 걸까? 대학에 가야만 진정으로 원하는 인생을 살 수 있는 걸까?'

그날 밤, 참 많은 생각을 하면서 나는 스스로 계속 질문했다. 일단은 어머니의 지극한 사랑과 격려와 인정에 부응해 드려야겠다고 마음을 돌렸다.

나는 눈에 보이는 대로 모든 책과 노트를 펼쳤다. 첫 페이지를 넘기면 백지가 나오는데 그곳마다 목표를 큼직하게 적었다.

"1979년 오정택의 대입 예비고사 목표 300점. 오정택은 할 수 있다."

체력장 점수 20점 포함 340점 만점에 300점은 굉장히 높은 점수였다.

'3월 모의고사에서 받은 179점으로는 체력장에서 만점을 얻더라도 200점이 안 되는데……. 3월 모의고사 점수보다 100점 이상 높은 점수를 목표로 공부한다는 게 가능할까?'

잠시 망설이긴 했지만 나는 과감히 300점을 목표로 쓰며 각오를 다졌다.

다음 날, 어느 때보다 일찍 학교에 갔다. 그리고 수업 시작 직전에 책과 공책 첫 페이지에 쓴 예비고사 목표를 소리 내어 읽었다. 친구들이 이상한 눈으로 쳐다보며 수군거려도 개의치 않았다. 어떻게든 목표를 이루고 싶었다.

나는 모든 수업을 내게 주어진 처음이자 마지막 기회라 생각하고 선생님이 말씀하시는 것을 들으면서 잘 기록했다. 그리고 수업이 끝나면 핵심 내용을 세 줄로 요약하는 습관을 길렀다. 그러다 놀라운 사실을 발견하게 됐다.

'어? 이 부분은 지난 시간에 말씀하신 건데?'

선생님께서는 수업 중간중간에 이미 가르친 내용을 반복하셨다. 날이 갈수록 그 내용이 점점 많아지는 것 같았다. 예전과 달리 수업에 집중했더니 자꾸 반복되는 내용이 들리기 시작한 것이다. 어느새 그 다음 시간에 선생님이 무슨 말씀을 하실지 알 정도가 되었고, 내가 무엇을 모르고 있는지도 체크할 수 있었다.

나는 300점까지 점수를 올리려면 얼마만큼 노력해야 하고, 각 과목에서 얼마나 점수를 더 얻어야 하는지 본격적으로 고민했다. 수업에 얼마나 집중했으면 들어오시는 선생님마다 하나같이 나만을 위해 말씀하시는 것처럼 느껴졌다. 사실 선생님들은 변한 것이 없었지만 내가 달라지면서 일어난 변화다.

그해 대학 입시 예비고사에서 내가 받은 점수는 297점이다. 비록 목표로 잡았던 300점에서 3점이 모자라지만, 대학을 갈 수 없을 것 같아 학교도 가지 않겠다던 학생으로서는 대단한 성공이다. 지금도 나는 내가 진짜 원하는 것이 무엇인지 솔직하고 진정성 있게 인식할 수 있도록 도와주신 어머니께 감사한다. 중요한 것은 눈에 보이는 몇 점이 아니라 내가 성공 신화의 주인공이 되었다는 사실이다. 꿈꾸는 것이 있다면 끝까지 포기하지 말고 강렬히 소망하기 바란다.

하늘은 스스로
돕는 자를 돕는다

어떤 일을 도전하더라도 한 번에 성공하기란 어렵다. 그러므로 익숙해지고 더 잘할 수 있을 때까지 계속 도전해야 한다. 그러다 보면 뜻하지 않은 행운도 생기고 언젠가 꿈에도 그리던 행운아가 되기도 한다.

2002년 미국의 솔트레이크 동계올림픽 쇼트 트랙 부문에서 금메달을 딴 선수가 있다. 호주의 스티븐 브래드버리다. 그는 각고의 노력 끝에 그렇게도 원하던 금메달을 땄는데 사실 그것은 정말 뜻하지 않은 행운이었다.

브래드버리는 1994년에 노르웨이의 릴레함메르 동계올림픽에서 1,000미터 예선에 출전했지만 탈락하고 말았다. 각 조 2위까지만 준준결승에 진출하는데 3위 밖으로 밀려났기 때문이다. 다시 1998년 일본 나가노 동계올림픽에 출전했지만 역시 예선에서 탈락했다. 2000년에는 훈련을 받다가 목뼈 골절을 당해서 선수 생활을 그만두어야 하는 상황까지 갔다.

그러나 이를 악물고 2002년 솔트레이크 동계올림픽에 출전하여 예선에서 1위로 통과했다. 지난날 성적에 비해 출발이 좋았다. 그러나 준준결승전에서 3위를 하여 또 메달권에서 벗어났다.

그런데 예상치 못한 일이 벌어졌다. 판정 결과 2위를 한 선수가 실격당하고 브래드버리가 준결승에 진출하는 행운을 얻었다. 준결승전에서도 행운은 따랐다. 앞에서 달리던 선수들이 넘어지는 바람에 예상을 뒤집어 엎고 그가 결승전까지 가게 된 것이다.

과연 경기는 어떻게 전개되었을까? 결승에 오른 선수들 중에서 기량이 제일 뒤떨어지는 브래드버리가 꼴찌를 달렸다.

그런데 이상하게도 마지막 한 바퀴를 남겨놓은 상태에서 앞서 달리던 선수들이 차례로 넘어졌다. 전력 질주하던 한 선수가 넘어지면서 다른 선수 세 명까지 모두 뒤엉켜 넘어지다니! 브래드버리는 붕 뜬 기분으로 혼자 결승선을 통과했다. 그리고 상상조차 하지 못했던 금메달을 거머쥐었다.

브래드버리는 수없이 몰려든 기자들 앞에서 이렇게 말했다.

"목뼈 부상을 당하긴 했지만 올림픽에 한 번 더 출전하고 싶어 은퇴하지 않았습니다. 이미 올림픽에 세 번이나 나갔지만 스스로 만족하지 못했습니다. 사실 제 기량이 부족한 터라 2002년 솔트 레이크 동계올림픽에서 메달을 딸 생각은 하지 못했습니다. 최선을 다해 경기를 치르고 조용히 은퇴하고 싶었을 뿐입니다."

그는 아주 솔직하게 말했다.

"뒤에서 따라가다가 무슨 일이 생기면 혹시나 동메달이라도 딸 수 있지 않을까 생각했습니다. 선수들이 몇 미터 앞에서 다닥다닥 붙어가고 있는 걸 보니 사고라도 날 것 같았거든요. 그런데 정말 앞에서 모두 다 바닥에 뒹굴어 버리더라고요. 이럴 수가! 내가 1등이잖아! 여러분, 이 금메달은 제가 이번 경기를 이겨서 딴 게 아닙니다. 지난 10여 년간 최선을 다해 노력한 저에게 주어진 행운의 메달이라고 생각합니다."

행운도 실력이라는 말이 있다. 그러나 행운이 누구에게나 아무렇게 불쑥불쑥 찾아오는 것은 아니다. 설사 준비되지 않은 사람에게 행운이 온다해도 잠시 스쳐 지나가고 만다. 브래드버리에게 이런 행운이 주어진 것은 끝까지 포기하지 않고 계속 도전했기 때문이다. 눈물을 씻어내며 열심히 도전하는 사람에게는 가끔씩, 뜻하지 않게, 그러면서도 짜릿하게, 눈부신 행운이라는 것도 주어지는 법이다. 하늘은 스스로 돕는 자를 돕는다.

죽기 살기로
도전하라

노르웨이에서 '라면왕'이라 불리는 이철호는 '미스터 리^{Mr. Lee}'
라는 브랜드를 만들어 무려 20년이나 노르웨이 라면 시장 점유율
의 80퍼센트 이상을 차지한 라면계의 전설이다. 이민자 최초로
국민 훈장, 위대한 노르웨이인 훈장 및 기사 작위를 받고 교과서
에도 소개되었다.

그러나 그는 사실 불우한 청소년 시절을 보냈다. 열네 살이 되
던 해 6·25 전쟁으로 고아가 되어 거지처럼 떠돌다가 미군들에
게 발견되었다. 그때부터 미군 부대에서 구두닦이도 하고 청소며
빨래도 해 주는 하우스보이 생활을 했다. 사단장은 수많은 고비
를 넘기고 살아난 이철호를 마스코트처럼 데리고 다니며 귀여워
했다.

미국 부대 안에도 생명을 위협하는 위험은 여전히 존재했다. 어느 날 그는 폭탄 파편에 맞아 다리에 부상을 입었다. 그를 아끼던 사단장은 미군 부대 안 여러 병원을 다니게 했지만 상처는 점차 악화되었다. 그러자 미국 군인신문에 이런 광고를 냈다.

"부상당한 한국 소년을 도와줄 나라를 찾습니다."

노르웨이에서 도움을 주겠다는 연락이 왔다.

1954년 4월 4일, 열일곱 살 이철호는 한국인으로는 처음으로 노르웨이 땅을 밟았다. 하지만 그곳에도 보장된 것은 거의 없었다. 정부가 지원하는 병원에서 어느 정도 치료를 받는 것이 전부였고, 그 후에는 모든 것을 스스로 해결해야 했다.

이철호, 그는 전쟁의 한복판을 걸어온 의지의 한국인이었다. 낮에는 닥치는 대로 일했고 밤에는 상업학교를 다녔다. 구두닦이를 하려 했더니 노르웨이에서는 면허증이 필요했고, 면허증을 따려면 상업학교에서 운영 능력을 배워야 했다. 너무 가난해서 식사는 하루에 한 끼밖에 할 수 없었다.

'내 목표는 내 인생의 길을 찾아 사람답게 사는 것!'

이철호는 이렇게 목표를 세우고 공부했다. 그런데 그렇게 힘들게 공부해서 겨우 구두닦이나 된다는 것이 너무 억울했다. 그래서 요리전문대학에 진학하는 것으로 방향을 바꿨다. 늘 굶주리며 살았었기에 맛있는 음식을 만들어 배불리 먹을 수 있는 요리사가 최고 직업으로 생각되었다.

그는 노르웨이의 홀믄 콜른 파크 호텔^{Holmen Kollen Park Hotel}을 새로운 도약의 발판으로 삼았다. 그곳은 장인 중의 장인을 기르는 곳으로 4년마다 학생을 딱 두 명씩만 뽑아 철저하고도 엄격하게 교육하는 것으로 유명하다. 일단 그는 그 호텔 식당에 취직하여 허드렛일을 했다. 그리고 좁은 문으로 알려진 그 호텔의 학생으로 결국 선발되었다. 그렇게 시작한 요리 공부는 프랑스 유학으로까지 이어졌다.

노르웨이에서 요리사로 일하던 그는 스웨덴 정부의 요청으로 한국에 출장 왔다가 처음으로 라면과 인연을 맺게 됐다. 14년 만에 밟은 고국 땅에서 이 음식 저 음식을 맛보는 중 한국 라면의 쫄깃하고 얼큰한 맛에 매료되었다.

'바로 이거야! 이 라면!'

그의 머릿속에는 이미 라면 맛에 매료된 노르웨이 사람들의 모습이 떠올랐다. 노르웨이 전 국민이 매일 라면을 먹기에 바쁜 모습이 계속 그려졌다. 아주 선명한 꿈이었다.

그는 요리법을 수없이 연구한 후 라면을 보급하기 시작했다. 그런데 손님들은 라면에 손도 대지 않았고 모든 가게가 이철호의 방문을 꺼렸다. 이철호는 개의치 않고 라면을 들고 꾸준히 가게를 찾아다녔다. 물건이 오래 되었다 싶으면 새것으로 바꿔놓고 방긋 웃으며 말했다.

"장사 잘되나요? 내일 또 올게요."

좋아서 하는 일이라 지치거나 힘들지 않았다. 그는 그렇게 아무 반응도 없는 일을 무려 3년 동안이나 계속했다.

정성을 다 하면 하늘도 감동한다고 했던가. 3년이 지나면서 손님들이 하나둘씩 라면을 찾기 시작했다. 식품 수입회사에서 첫 주문도 들어왔다. 라면 면발을 걸레 같다며 노골적으로 거부하던 노르웨이 사람들에게 우리나라 라면이 첫 뿌리를 내리는 순간이었다.

'정말 욕심이 나는 나무라면 넘어갈 때까지 찍는 거야!'

이런 정신으로 무장하고 라면 세 박스로 시작한 사업은 노르웨이 라면 시장을 점령했다. 이철호는 포기할 줄 모르는 정신으로 노르웨이 국민들의 가슴속에 꿈과 희망을 전해 주는 메신저로 각인되었다. 청소년 여러분도 R=1⑨⑨와 R=VD 공식으로 꿈을 현실로 이루고 싶다면 계속해서 도전을 멈추지 말기를 바란다.

꿈으로 향하는 습관을 길러라

습관은 이전에 반복한 생활방식의 결과로서 사실 우리가 하는 대부분 행동에 영향을 미친다. 좋은 습관을 들이면 좋은 결과가 생기고, 나쁜 습관을 들이면 나쁜 결과가 생기기 마련이다. 즉 습관은 심은 대로 거두는 자연법칙을 따르며 운명을 결정한다. 그러나 일단 한번 자리 잡은 습관을 고치려면 상당한 의지와 노력이 뒤따라야 한다.

청소년들의 영원한 멘토 빌 게이츠는 아홉 살에 독학으로 프로그래밍을 터득했고, 스무 살에 마이크로소프트사를 창업했다. 스물두 살에 하버드 대학교를 중퇴했으며, 서른일곱 살에 미국 최고 기업인이 되었다. 아울러 무려 13년간 연속으로 세계 최고 부자 1위 자리에 올랐다. '컴퓨터 황제'라 불리는 그는 세계 최대

자선사업가로, 또 세계를 움직이는 인물로도 여러 차례 1위 자리에 올랐다.

바로 그 빌 게이츠를 성공으로 이끈 습관은 무엇일까? 그는 매일 한 시간 이상씩 독서했으며, 일주일에 이틀을 '생각하는 날'로 정해 사색에 잠겼다. 회사를 경영하느라 아침부터 밤까지 일만 할 줄 알았는데, 그는 의외로 독서하고 생각하는 시간을 많이 갖는 사람이었다.

1퍼센트의 영감이 담긴 꿈을 발견했다고 해서 기본을 무시하고 특별한 것만을 추구해서는 안 된다. 기본적인 습관을 다스리지 못하면 모래 위에 집을 짓는 것이나 다름 없다. 청소년들이 특별히 굳히면 좋을 습관에 대해 알아보자.

- 생활 습관: 규칙적인 시간에 식사와 운동을 하고, 일정한 시각에 잠들고 일어난다. 건강은 미래의 꿈을 이루는 데 가장 필요한 자산이다.
- 학습 습관: 좋아하는 과목만 집중해서 공부하지 말고, 다른 과목도 기본적인 것을 배워야 한다. 융합 사회라 하는 미래 사회는 보편적인 지식 없이는 성공할 수 없다. 전공이나 관심 분야 외의 것에도 관심을 넓히자.
- 언어 습관: 1퍼센트의 영감이 담긴 꿈을 발견했다고 해도

부정적인 말을 계속 하면 이루기 힘들어진다. 항상 긍정적인 말을 하자. 생각하는 대로 말하게 되지만, 말하는 대로 생각하게 되기도 한다. 또 생각은 행동으로 이어진다.

"습관은 버릇을 만들고, 버릇은 성격을 만들고, 성격은 인생을 만든다"는 말이 있다. 그만큼 습관이 사람의 생각과 행동을 지배하고 나아가 인생까지 좌지우지하기 때문일 것이다. 그렇다면 내 인생에 도움이 되는 습관을 길들이는 것이 현명하지 않을까? 꿈을 이루고 싶다면 꿈에 도움이 되는 습관을 기르는 것이 바람직하다. 오랜 습관은 어떤 일이든 가능하게 하니까 말이다.

꿈으로 가는 징검다리를 하나씩 건너라

미국 테네시 주의 북부 세인트 베들레헴 빈민가에서 출산 예정일보다 훨씬 일찍 태어난 여자 아이가 있었다. 태어날 때 체중이 2킬로그램밖에 되지 않는 미숙아인 탓에 모두 생존 가능성이 거의 없다고 했다. 더구나 그 아이는 이런저런 병치레가 잦더니 네 살 때 뇌수막염과 폐렴과 소아마비를 겹쳐 앓으면서 왼쪽 다리가 마비되었다.

엄마는 영원히 불구자가 될지 모를 딸 윌마 루돌프에게 더없는 애정을 쏟았다.

"용기를 가지려무나. 넌 걷게 될 거야. 아니 다른 아이들처럼 뛸 수도 있을 거야."

"어떻게요?"

"마음속 깊이 강렬하게 원해라. 그리고 기도해라."

엄마뿐만 아니라 온 가족이 번갈아가며 윌마 루돌프의 다리를 마사지해 주었다. 그러자 그녀의 다리에 핏기가 돌기 시작했다. 윌마 루돌프는 그렇게 꿈을 향한 첫 번째 징검다리를 건넜다.

먼지 끼고 곰팡내 나는 다락방 같은 집에서 가족들의 노력은 계속 되었다. 엄마는 장애아인 딸을 업고 버스로 왕복 네 시간이나 걸리는 병원도 마다하지 않고 찾아갔다. 버스에 사람이 많을 때는 꼬박 서서 시달려야 했다.

윌마 루돌프는 3년 동안 치료를 받고 나서야 겨우 설 수 있었다. 두 번째 징검다리를 건너게 된 것이다. 그러자 엄마는 여덟 살짜리 딸에게 곧바로 걸음마를 시켰다.

"잘했다. 오늘은 80센티미터나 걸었구나. 내일은 1미터를 걷기로 하자."

아홉 살이 되던 해 윌마 루돌프는 다리에 차고 있던 금속보조대를 떼어냈다. 이로써 세 번째 징검다리를 건넌 셈이다.

루돌프는 목발을 없애면서 절룩절룩 춤추는 듯한 이상한 걸음을 걸었지만 네 번째 징검다리도 잘 건넜다. 이제 다섯 번째 징검다리가 눈에 선명하게 보였다. 그녀를 치료하던 의사의 말대로 '기적 같은 일'이 벌어졌다. 그녀는 중학교 때 농구를 할 수 있을 정도로 마비된 다리가 좋아지더니 고등학교에 들어가면서 곧바로 농구부 주전선수로 활약했다. 그 팀은 테네시 주에서 열린 농구 대회에서 우승한 강력 부대였다. 그 후 루돌프는 테네시주립대학교 육상 코치인 에드 템플에게 발탁되어 육상선수로 또다시 변신했다.

월마 루돌프는 몇 년간 경기에 출전할 때마다 꼴찌 신세를 면하지 못했다. 하지만 가슴속은 늘 희망과 용기로 넘쳐났다. 강인한 꿈을 지닌 엄마도 옆에 있었다.

"루돌프, 힘 내! 넌 할 수 있어! 넌 일등할 거야!"

엄마는 늘 딸 옆을 따라다니며 꿈을 심어 주려고 애썼다. 지극한 사랑이 자라난 것일까? 육상 대회에 나간 월마 루돌프가 일등으로 들어오는 기적 같은 사건이 벌어졌다. 다른 경기에 나갔을 때도 그러했다.

월마 루돌프는 절대로 걸을 수 없다는 의사들의 말이 사실이 아니라고 증명이라도 하는 듯이 1960년 로마올림픽에 나가 금메달 세 개를 목에 걸었다. 그리고 기자들에게 말했다.

"엄마는 어려서부터 말씀하셨어요. 강렬히 원하면 무엇이든지 이룰 수 있다고요. 꿈과 믿음을 심어 주신 거죠."

아무런 도움 없이 스스로 걷는 것, 사실 대부분 사람에게는 아주 평범한 일이다. 하지만 육상 영웅 월마 루돌프에게는 그야말로 꿈같은 일이었다. 그러나 그녀는 하나씩 삶의 징검다리를 건

너며 기어이 꿈을 이루어내고 말았다.

꿈을 실현하려면 지금 내 앞에 보이는 작고 사소한 성공을 이렇게 하나씩 이루어나가야 한다. 징검다리를 하나씩 건너듯 작은 목표를 하나씩 이루어가다 보면 최종 목적지인 꿈에 다다르게 될 것이다.

꿈의 에스컬레이터를 타라

현재 스코틀랜드 프리미어리그 최고 명문인 셀틱 소속으로 활동하고 있는 기성용 선수는 어릴 때부터 1퍼센트의 영감이 담긴 꿈을 발견했다. 축구 감독인 아버지를 닮아 축구에 소질이 있다는 것을 스스로 깨닫고는 늘 공을 가지고 놀며 꿈을 키웠다.

'나는 커서 내가 차는 공마다 원하는 곳에 정확히 보낼 거야.'

그에게는 구체적인 꿈이 있었다. 막연하게 장차 훌륭한 축구 선수가 되겠다고 하는 아이들과는 달랐다.

그는 자기가 원하는 어느 곳이든 공을 차 넣을 수 있도록 수없이 연습했다. 그의 눈에는 보이는 것마다 골대였다. 아파트 외벽뿐만 아니라 전봇대와 바위에도 원을 그리고 공을 찼다. 닭장이나 항아리에 원을 그리다 어른들에게 혼이 나기도 했다.

'골대 오른쪽 저 구석으로 공을 집어넣을까, 아님 왼쪽 저 구석? 한가운데는 어떨까?'

기성용은 이런 생각을 하다가 하루에도 수십 번이나 월드컵 스타가 되는 꿈에 젖었다. 그런 환희에 푹 빠져 지내며 초등학생 때부터 중·고등학생 형들과 적절한 곳에 원을 그려 놓고 축구 공을 넣는 게임을 했다. 그렇게 월드컵 스타가 되는 꿈을 자기 것으로 만드는 일에 매일같이 열중했다.

중학교에 입학한 기성용은 곧바로 연습 경기에 출전했다. 그 팀에 프리킥 찬스가 오자 오래도록 연습한 실력을 발휘하며 골키퍼가 감히 손도 못 대게끔 빠르고 정확하게 골대 안으로 공을 집어 넣었다. 그 경기를 지켜보던 아버지는 확신이 들었다.

'허, 대단해! 저 녀석을 축구 선수로 육성해야겠어. 잘될 거야.'

드디어 기성용은 아버지의 후원까지 받으면서 꿈의 에스컬레이터를 탔다. 그리고 2012년 런던 올림픽에서도 대활약을 하며 진가를 발휘했다. 그는 앞으로도 계속해서 발전해갈 것이다.

이렇게 자신의 꿈을 잘게 쪼개어 매일같이 구체화하면 꿈의 에스컬레이터를 탈 수 있다. 꿈은 먼 미래에 이루어지는 게 아니다. 기성용 선수처럼 하루에도 수십 번씩 자꾸 이루는 거다. 멋지고도 화려하게.

자신의 약점을
활용하라

"못 생겨서 죄송합니다."

"조용히 살고 싶습니다."

예전에 최고 인기를 끌던 개그맨 고 이주일이 유행어로 남긴 말이다. 그는 특유의 어눌한 목소리며 춤동작으로 십 년 넘게 시청자들의 사랑을 독차지했다.

요즘 같이 개성이 존중되는 시대가 아닌 1980년대와 1990년대는 예쁘거나 잘 생겨야만 연예인으로서 인기를 끌 수 있었다. 그런 면에서 그는 아니었다. 그래서인지 그에게는 늘 하찮은 역할만 주어졌다. 다른 연예인들의 짐 보따리를 전해 주는 심부름이나 하며 무명 시절을 보내던 그는 생계를 유지하기가 힘들었다.

어느 날 그는 텔레비전 코미디 프로그램에 단역으로 출연해서

인상 깊은 말을 했다. "못 생겨서 죄송합니다" 그리고 "조용히 살고 싶습니다"라고. 그 말들은 사실 그가 오랜 무명 기간 동안 감독들이나 선배들에게 야단맞고 핀잔 들을 때마다 했던 아주 슬픈 자기 고백이었다.

"너 인마, 빠져! 저기 가서 조용히 있으라고!"

이주일은 무명 시절에 눈물을 흘리며 깨달은 치명적인 단점을 텔레비전 코미디 소재로 활용했다. 그것은 가난하고 소외되고 억눌리고 뜻을 펴지 못하는 이 땅의 서민들에게 확실히 각인되었고, 그가 하는 말 한 마디 한 마디가 웃음과 해학으로 널리 퍼졌다.

그는 가장 인기 있는 연예인으로 발돋움했다. 더 나아가 대통령 표창은 물론 MBC 코미디 대상, 문화훈장 모란장, 스타선행대상 특별상도 받았다.

1942년에 미국에서 태어난 가수 스캣맨 존 역시 단점을 장점으로 바꾼 대표적인 사람이다. 존은 어려서부터 나타난 심한 말더듬 증상으로 또래 아이들에게 집단 괴롭힘을 당하며 불행한 어린 시절을 보냈다.

그러다 열네 살 때에 우연히 재즈와 접하면서 그나마 밝고 건강한 생활을 유지할 수 있었다. 그는 자라서 클럽과 연주회 등을 찾아다니며 연주자로 활동했다.

하지만 존은 안타깝게도 좀처럼 나아지지 않는 말더듬 증상으로 또다시 모욕적인 여러 가지 일을 경험해야 했다. 게다가 가슴 아픈 사랑으로 큰 상처를 받고 오래도록 좌절의 나날을 보냈다.

끝내는 마약과 술 없이는 하루도 살 수 없는 신세가 되었다. 그렇게 밑바닥 인생으로 떨어진 그는 쉰세 살이 되던 1995년에 주위의 도움으로 재기를 도모했다. 그때까지 살아오면서 자신을 한없이 괴롭히던 말더듬 증상을 역으로 이용하기로 했는데 아주 좋은 아이디어였다.

말더듬이인 존은 과감히 스캣scat이라는 창법으로 노래를 불렀다. 스캣 창법은 '다다다다다다' 등과 같이 아무 뜻도 없는 소리로 가사를 대신하여 리드미컬하게 흥얼거리는 것을 말한다. 재즈 보컬이 주로 사용하는 창법으로 1900년대에 수많은 음악인들과 팬들에게 사랑을 받았다.

존이 스캣 창법으로 부른 노래를 녹음한 앨범은 200만 장 이상 팔리면서 엄청난 히트를 쳤다. 존은 가장 빠르게 노래 부르는 가수로도 기네스북에 올랐다.

치명적인 단점을 놀라운 장점으로 바꾼 존은 결국 많은 사람이 부러워하는 성공을 거뒀다. 그러나 거기에 머무르지 않고 말더듬 증상으로 상처를 안고 살아가는 전 세계 수많은 환자를 돕기 위해 '스캣맨 재단'을 설립하고 전 재산을 기부했다.

절대적으로
희망하라

얼마 전에 호주에서 왔다는 닉 부이치치의 강연회에 간 적이 있다. 양팔이며 양다리가 없는 사람이 강의를 한다니 왠지 분위기가 가라앉을 것 같았다. 그런데 강연회에 등장한 닉 부이치치는 얼굴이 무척 밝았다. 목소리까지 경쾌하고 활달했다.

"최고 장애는 당신 안에 있는 두려움입니다!"

닉 부이치치는 '테크라 아멜리아 증후군'이라는 희귀병으로 태어날 때부터 팔다리가 없다. 하지만 긍정적인 마음과 노력으로 장애를 극복하고 격정적인 삶을 살며 화제를 불러 일으키고 있다. 이미 세계 25개국을 돌아다니며 강연했고, 《닉 부이치치의 허그》라는 책까지 집필했다. 그 책은 감동적인 삶의 모습을 고스란히 담고 있어 곧바로 베스트셀러가 되었다.

본래 팔다리가 없다 보니 그에게는 슬픔이며 괴로움이며 시련이 많았다. 다른 아이들이 걷고 달리는 것을 배울 때 그는 휠체어에 앉는 것을 배워야 했다. 남들이 희망을 배울 때 그는 절망에 대해 배웠다. 그렇게 커가면서 자신이 일반인들과 많이 다르다는 것을 알게 되었다.

"저는 여덟 살 때 희망이 없는 삶을 그냥 끝내고 싶었습니다. 늘 혼자였고 삶에 의미가 없었습니다. 학교에 가야 하는 의미도 없었으며 대학에 간다는 건 생각조차 하지 못했습니다. 저란 존재를 어떻게 설명해야 할지 몰랐고 매우 암담하고 쓸쓸했습니다. 왜냐하면 주변 사람 누구도 저를 이해해 주지 않았기 때문입니다. 저는 두려웠습니다. 한없이 절망에 빠졌습니다."

그는 여덟 살 때 자살을 계획했고 열 살 때 직접 실행했다. 그러다 부모님과 친구들의 쉼 없는 격려로 살아갈 용기를 얻었다.

"그래! 내 마음대로 죽을 수 없다면 차라리 멋지게 살자!"

그렇게 마음을 굳힌 그는 청소년들에게 행복을 전하는 전문 강사로 발돋움했다. 실제로 보니 양팔도 없는데다 닭다리 같이 생긴 작은 발로 서 있는 모습이 신기할 정도로 특이했다. 그런데 그 작고 초라한 발로 걷기까지 했다.

닉 부이치치는 머리에 헤드셋을 쓰고 나와 비트박스를 해 보겠다고 했다.

'어, 제법 잘하는데?'

그는 닭다리 같은 발로 박자를 맞추며 신나게 비트박스를 하다가 갑자기 쿵 넘어졌다. 청중들은 당황했다. 달려가서 그를 일으켜 세워야 하나 아니면 그가 스스로 일어서도록 내버려두어야 하나 갈등했다. 잠시 침묵이 흘렀다.

"저는 지금 넘어져 있습니다. 그런데 팔이 없어 일어설 수가 없군요."

닉 부이치치가 먼저 웃자 여기저기서 웃음소리가 터져 나왔다.

"우리는 살면서 넘어질 때가 있습니다."

쓰러진 그가 온갖 몸짓을 하며 일어서려고 했다.

"만약에 백 번을 시도해도 실패한다면서 포기했다면 저는 결코 일어서지 못했을 것입니다. 하지만 저는 포기하지 않고 노력했죠. 죽을 만큼 힘들었습니다. 그랬더니 자, 이렇게 일어설 수 있게 되었습니다."

그는 얼굴과 머리를 바닥에 대고 온몸을 이용하여 어렵게 일어섰다. 무대에 오른 사람들이 닉 부이치치를 안아 주자, 팔이 없는 닉 부이치치는 그들을 가슴으로 안아 주면서 세상에서 자기가 제일 행복한 사람이라고 했다.

"여러분, 만일 넘어지더라도 포기하지 않는다면 다시 일어설 수 있습니다. 저 자신도 이렇게 일어설 거라고는 믿지 않았는데 일어섰습니다. 단지 희망을 잃지 않고 포기하지 않았을 뿐인데 말이죠."

밝고 환한 얼굴로 웃는 그의 말에 대부분 청중이 환호하며 눈물을 흘렸다. 절대로 무너지지 않을 희망을 가졌기에 닉 부이치치는 이런 엄청난 장애를 극복하고 대학에서 회계학과 재무학을 공부하고 행복을 전하는 강사로 세계인의 심금을 울리고 있다. 아름다운 일본인 신부가 그와 결혼한 것도 그럴 만한 매력이 있어서 아닐까? 꿈을 이루는 데 필요한 하나는 바로 절대적인 희망이다.

세계를 무대로
꿈꿔라

전 세계를 무대로 활약하는 UN 반기문 사무총장은 충청북도 음성이라는 시골에 태어나 학창 시절을 보냈다. 꿈으로 가득 차야 할 그의 어린 시절은 남다른 소질이 없어서 주목받지 못했다.

'나는 커서 무엇이 되어야 할까? 운동선수? 사업가?'

답은 운동선수도, 사업가도 아닌 것 같았다.

'그럼 내가 잘하는 건? 공부?'

생각해 보니 공부는 그나마 재미있었다. 집안이 대대로 공부를 좋아하는 터라 조금 더 노력하면 잘할 것 같았다. 그는 공부에 매달리기도 했다.

그러던 어느 날, 어린 반기문은 길을 가다 처음으로 외국인을 봤다. 시골에서 외국인을 보는 것은 흔하지 않은 일이라 마음이 떨렸다. 그때부터 외국인과 능숙하게 대화하고 싶은 희망 사항이 생겼다.

반기문은 영어 공부에 집중했다. 그러나 가족이며 주변 사람들의 시선이 곱지 않았다. 쓸데없는 과목을 바보스럽게 공부한다고 무시했다. 당시 영어는 따로 공부하지 않아도 될 만큼 중요한 과목이 아니었다.

하지만 그는 생각이 달랐다. 장차 전 세계 사람들을 만나 자유롭게 대화하려면 영어가 꼭 필요하다고 판단했다. 영어는 자신의 진짜 꿈을 이뤄 줄 소중한 통로였다.

그렇다고 무턱대고 영어를 공부한 것은 아니다. 반기문은 영어 자체를 즐겼다. 영어로 소통하는 것이 꿈처럼 행복했다. 그러다 보니 어느새 중학교 영어책 세 권을 통째로 외울 정도가 되었다.

고등학교 때 나간 영어경시 대회는 뜻밖의 행운을 안겨 줬다. 1등 수상자로서 장학생이 된 그에게 케네디 대통령의 연설을 백악관에서 직접 듣는 기회를 선사했다. 그는 미국을 방문한 후 외교관이 되겠다는 꿈이 확고해졌다. 그리고 평범한 시골 소년에서 세계를 이끄는 UN 사무총장이라는 큰 인물이 되었다.

우리 청소년들도 자신이 처한 현실이 어떠하건 1퍼센트의 영감이 담긴 꿈을 빨리 찾기 바란다. 지금은 작고 사소하게 보이는 꿈일지라도 노력과 열정을 불어 넣으면 반기문 UN 사무총장처럼 어느 순간 꿈의 에스컬레이터를 타고 세계를 무대로 하는 사람이 될 수 있다.

2007년도 일이다. 팝 가수로 유명한 마돈나가 아프리카의 가난한 나라 말라위를 방문했다. 마돈나는 그곳에서 의료구호 활동을 펴고 있던 김용 하버드 의대 교수에게 이렇게 말했다.

"교수님은 왜 이렇게 힘든 일을 하시나요?"

김용 교수는 허허 웃으며 대답했다.

"글쎄요. 작은 걸 깨달으면 더 큰 즐거움을 얻는 게 인생 아닐까요. 우리 삶을 더 아름답고 빛나게 하는 건 아주 작은 실천이랍니다."

이 말에 감동한 마돈나는 말라위에서 아이들을 입양하고, 여학교와 자선기관을 설립하는 등 교육 활동을 펼쳤다.

김용 교수는 그 후 다트머스 대학 총장으로 지내면서 학생들에게 네 가지 P를 강조했다. 그것은 열정Passion, 끈기Persistence, 갈망Pursuit, 글로벌 마인드Planet로 이 세상을 슬기롭게 살아가기 위해 현재와 미래 세대에 꼭 필요한 가치라고 했다.

2012년 오바마 미국 대통령은 세계은행 총재로 김용 총장을 지명하면서 그의 원칙과 소신에 매료되었다고 했다. 동양인이 세계은행 총재가 되는 것은 처음 있는 일이었다.

김용 세계은행 총재는 한 인터뷰에서 이렇게 말했다.

"전쟁의 잿더미로 희망이 없던 한국이 이뤄낸 성과를 보십시오. 이러한 경험을 살려 개발도상국들의 빈곤 퇴치와 경제 발전에 힘쓸 것입니다."

무엇인가 이 세상을 위해 가치 있는 일을 할 때 성공은 더욱 의미가 있다. 우리 청소년들도 세계로 꿈의 지도를 확장하기 바란다. 정말 세상은 넓고 할 일은 많다.

모두와 함께
나누는 성공

　슬픔을 나누면 반이 되고 기쁨을 나누면 배가 되듯이 내가 이룬 성공을 온 국민이 기뻐하고, 전 세계 사람들이 자랑스러워하면 얼마나 좋을까. 피겨 여왕 김연아 선수가 바로 그 주인공일 것이다.

　김연아 선수가 어릴 때만 해도 한국은 피겨 불모지였다. 피겨 스케이팅에 대한 관심도 없고 훈련 시설도 형편없고 우리나라 코치도 없는 상황에서 세계적인 선수가 나오는 것은 상상조차 할 수 없었다. 한국 피겨는 세계 대회에 얼굴도 못 내미는 그런 수준이었다.

　그런 열악한 상황에서 김연아라는 한 여자 아이가 피겨 스케이팅이라는 자신만의 진짜 꿈을 발견했다.

"피겨 스케이팅을 하는 클럽이 동네에 있다는 걸 우연히 알고 갔는데 재미있었어요."

김연아는 자신이 피겨 스케이팅에 소질이 있다는 것을 금방 알았다. 그 후 전문적으로 피겨 스케이팅을 배우며 훌륭한 선수가 되는 꿈을 꿨다. 하루도 연습을 게을리 하지 않았다. 코치가 "한 시간 동안 이 동작을 연습해라"고 하면 그 이상을 노력했다.

꿈은 헛되지 않았다. 김연아 선수는 각종 세계 대회와 올림픽에서 1위를 석권하며 피겨 여왕이라는 별칭을 얻었다. 김연아의 성공은 부모님은 물론 국민 모두의 기쁨이자 자랑이 되었고, 나아가 전 세계인을 감동시키는 이야기가 되었다.

최근 그녀는 2012년 평창 동계올림픽 유치에 크게 기여했을 뿐 아니라 홍보대사로서 활동을 펼치고 있다. 멋지지 않은가! 한 개인의 성공이 인류가 감동하는 희망과 교훈을 심어 준다는 것이. 우리 청소년들도 이왕이면 김연아처럼 많은 사람이 함께 나눌 수 있는 꿈을 품는 것이 어떨까?

꿈도 가치가 다르다. 유명한 정치가나 기업인이 된다고 해도 비리와 술수로 해를 끼친다면 그 성공이 과연 의미가 있을까? 인류 사회를 이롭게 해야 진정한 성공이다. 모든 청소년이 선한 영향력을 미치는 꿈을 꾸고 이루기 바란다.

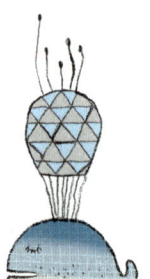